민주적 삶을 위한 교육철학

- 존 듀이의 일상교육 구상 -

민주적 삶을 위한 교육철학
- 존 듀이의 일상 교육 구상 -

초판 1쇄 | 2016년 9월 5일

지은이 | 신창호
편　집 | 강완구
디자인 | 임나탈리야
브랜드 | 우물이 있는 집

펴낸이 | 강완구
펴낸곳 | 써네스트

출판등록 | 2005년 7월 13일 제313-2005-000149호
주　소 | 서울시 마포구 동교동 165-8 엘지팰리스 빌딩 925호
전　화 | 02-332-9384　　**팩　스** | 0303-0006-9384
이메일 | sunestbooks@yahoo.co.kr
ISBN 979-11-86430-20-0 (04370)　　　값은 표지에 표시되어 있습니다.
ISBN 978-89-91958-73-9(세트)

정성을 다해 만들었습니다만, 간혹 잘못된 책이 있습니다. 연락주시면 바꾸어 드리겠습니다.

이 도서의 국립중앙도서관 출판시도서목록(CIP)은 서지정보유통지원시스템 홈페이지(http://seoji.nl.go.kr)와 국가자료공동목록시스템(http://www.nl.go.kr/kolisnet)에서 이용하실 수 있습니다. (CIP제어번호 : CIP2016020567)

민주적 삶을 위한 교육철학

-존 듀이의 일상 교육 구상-

신창호 지음

우물이 있는 집

일러두기

1. 이 책은 존 듀이의 저술을 종합하여 편집한 The collected works of John Dewey 1882-1953 를 기초로 하였고, 본문에서 참고한 듀이의 원전과 약호는 다음과 같다.

AE: *Arts as Expreience*
CC: *The Child and Curriculum*
CY: *Character Training for Youth*
DE: *Democracy and Education*
EC: *Education for a Changing Social Order*
EE: *Experience and Education*
EO: *Education and the Social Order*
ER: *Can Education Share in Social Reconstruction*
ES: *The Economic Situation: A Challenge to Education*
HT: *How We Think*
IE: *Interest and Effort in Education*
IW: *Interest in Relation to Training of the Will*
ME: *Moral Principle in Education*
PC: *My Pedagogic Creed*
PE: *Philosophy and Education*
QC: *The Quest for Certainty*
RP: *Reconstruction in Philosohpy*
SS: *School and Society*

2. 본문에서 인용한 듀이의 저술은 <참고문헌>에 제시한 원전과 국내의 다양한 번역본을 참조하여 다시 번역하였다. 듀이 교육철학의 개념, 용어, 강조점 등이 역자나 논자마다 조금씩 차이가 있어, 이를 통일하고 현대적 시각에서 의미 전달이 모호하거나 가독성을 높일 필요가 있는 경우에는 의역이나 번안을 하였다.

3. 원문의 인용 표시는 원전의 장(혹은 절이나 조목)으로 표시하였다. 예를 들어, 『민주주의와 교육』 제1장의 경우, 위의 <일러두기 1>에서 예시한 약호를 사용하여 (DE: 1)로 명기하였다. 듀이의 원전과 국내에서 출간된 여러 번역본의 쪽수가 제각기 다르고 인용 및 표기방식이 연구자마다 달라 참고한 자료를 일일이 표기하기에 난점이 있기 때문이다.

4. 저서명은 겹꺾쇠(『』), 논문은 홑꺾쇠(「」)로 표기하였고, 인용문은 큰따옴표(" "), 강조 표시는 작은따옴표(' ')로 표시하되, 인용문 속의 인용문의 경우, 편의상 작은따옴표(' ')로 표시했다.

머리말

인류의 역사는 물질적 풍요의 증대와 민주 의식의 성장 과정이라고 해
도 과언이 아니다. 인류가 진보하고 있다면, 정치제도로서 민주주의는 인
간의 정치사에서 가장 발달한 제도임에 분명하다. 21세기 초반인 2016년
현재, 세계 최강국으로 자리하고 있는 미국은 자유 민주주의 제도를 모범
적으로 실천하고 있는 나라다. 그들에게 민주주의는 공동체를 지속하는
제도적 장치 일뿐만 아니라 사회적 삶의 양식이다. 그 철학과 교육의 바
탕에 듀이(John Dewey, 1859-1952)의 사유와 실천이 자리하고 있다.

20세기에 들어서면서, 거의 반백 년 가까운 세월을 일본제국주의 조선
통독부 치하에 있었던 한반도는 1945년 8월 15일, 제2차 세계대전에서 일
본의 패망과 당시 세계열강의 정치질서와 지배논리에 의해, 해방을 맞았
다. 동시에 한반도는 남북 분단 체제로 들어섰다. 이후, 남한은 대한민국,
북한은 조선민주주의인민공화국이 수립되어, 남한은 미국, 북한은 소련
의 막강한 영향 아래 나름대로의 발전을 도모했다.

대한민국의 경우, 1948년 단독정부를 수립할 때까지 3년간의 미군정
기를 거치면서 미국식 민주주의와 교육제도를 전면적으로 이식했다. 미

국식 민주주의는 당시에 지배적이었던 일제 강점기의 식민 잔재와 결합되면서, 묘한 지적 사유와 교육 실천의 풍토를 유도했다. 민주주의도, 일제 식민지 잔재도 아닌, 그러면서도 어느 순간에는 민주적 양식을 드러냈다가 어떤 때는 일제 군국주의적 모습을 보이기도 하였다. 어쨌건 1948년 정부 수립 이후, 대한민국은 정치제도를 비롯하여 경제, 교육 등 사회 문화 각 방면에 걸쳐 미국의 절대적 영향 아래 성장을 거듭했다. 따라서 현재 대한민국 사회를 이해하기 위해서라도 미국의 민주주의적 사고와 교육철학에 대한 이해가 절실히 요청된다. 그 단초는 무엇보다도 미국철학의 기초를 형성한 존 듀이의 사유와 실천에서 찾는 것이 마땅하다. 왜냐하면 미군정기와 대한민국 정부수립 초기에 존 듀이의 교육철학에 기초한 새교육이라는 이름의 진보주의가 대한민국 교육의 방향을 제시하는 데 결정적 역할을 했기 때문이다.

한국 사회에서 듀이의 저작들은 1950년대 이후 현재까지도 지속적으로 소개되며 연구되어왔다. 특히, 「나의교육신조」를 비롯하여 『주주의와 교육』, 『아동과 교육과정』, 『경험과 교육』, 『교육과 사회질서』, 『학교와 사회』 등, 듀이의 교육학 저작들은, 왕정 사회는 물론 유럽의 전통교육과도 상당히 다른 패러다임을 제시하며, 민주주의 체제에서 인간이 살아가기 위한 합리적 삶을 모색하는 데 집중되어 있다. 그의 저서 가운데 상당 부분이 '교육'에 관한 언급으로 각인되어 있는데, 그 이유는 교육이 민주주의를 추동하고 인간의 삶을 성장시키는 핵심이기 때문이다. 듀이는 기존의 지배적 양식인 유럽식 전통교육과 달리 미국식 민주주의에서 교육이 어떻게 달라져야 하는지 심각하게 논의한다. 그러다 보니 저서의 곳곳에서, 교육의 체계를 획기적으로 전환할 수 있는 사유와 행위를 담고 있다.

　이전의 전통적인 유럽식 교육은 교사가 주도하여 학생을 이끌어가는 형식으로, 주입식 교육이나 객관적 지식을 습득하게 만드는 양식이 주류를 이루었다. 교육은 미래 생활에 대한 준비나 문화유산의 계승, 지식의 체계를 중시하며, 사회와 고립된 학교에서 정해진 교과 과정을 이수하는 것으로 이해되었다.

　그러나 듀이는 19세기 후반부터 20세기 초반, 영국의 경험론을 미국의 토양에 맞게 토착시킨 프래그머티즘(Pragmatism)에 기초하여, 이전의 교육과 다른 양식의 새로운 교육을 제시하였다. 이를 '신교육(新敎育)', 혹은 '새교육'이라고도 한다. 교육은 교사의 일방적 주도가 아니라, 학생을 핵심에 두고 내면의 힘을 계발하는데 무게중심을 둔다. 그것은 성장(growth), 관심(interest), 사고(thinking), 노력(effort), 행위(doing)를 통한 학습의 실천이다. 그렇다고 교육이 단순하게 개인의 능력을 계발하는 사태를 의미하는 것은 결코 아니다. 철저하게 개인과 사회는 유기체로 연결되고, 어떤 측면에서는 공동체가 중요하게 여겨지기도 한다. 이런 교육은 민주주의라는 자유스러운 풍토 가운데 가능하다. 동시에 민주주의는 교육을 통해 질적 승화를 거듭한다.

　듀이는 17세기 영국에서 이민 온 청교도의 후손으로 미국 버몬트 주에서 태어났다. 미국적 개척 정신과 자유·평등을 기저로 하는 민주주의, 생활 중심의 교육 사조를 바탕으로 자신의 사상을 제기하고 실천하였다. 유럽의 전통교육과는 차원이 다른 실험학교를 운영하며 자신의 교육적 신조를 직접 실천하기도 했고, 여성 참정권 운동, 교원 노조 지지 등 교육과 민주주의를 위해 앞장섰다.

특히, 그의 대표작으로 꼽히는 『민주주의와 교육』은 듀이 자신의 고백처럼, 그의 철학을 가장 포괄적이고 충실하게 제시한 저술이다. 책의 부제를 '교육철학 개론'으로 적시하고 있듯이 교육 문제의 핵심을 건드린다. 그의 교육 이론과 철학은 미국 사회를 주축으로 하는 새로운 교육철학을 제기했다. 이는 미국 내에서, 진보주의(Progressivism)를 비롯한 다양한 교육운동을 촉발하는 하나의 기준으로 작용했고, 전 세계적으로 교육을 새롭게 바라보는 계기가 되었다.

듀이 교육철학의 주조음은, '교육은 현실의 문제를 해결하는 과정인 경험의 재구성이자 생활'이다. 여기에서 교육의 목표는 '삶 그 자체'로서 생활의 발전이며 성장이다. 따라서 인간은 자신의 자발적 행위를 통해 사고하고 학습하며, 자기 관심을 통해 개인과 사회를 위해 지속적으로 노력한다. 그것은 한 마디로 말하면, 생활 중심의 교육이요, 교육의 사회화 또는 교육의 과정을 중시하는 철학이다.

다시 강조하지만, 대한민국은 해방 이후, 70여년에 이른 현재까지도 미국의 지배적 영향 아래 존재한다. 물론 2000년대 들어 중국과의 교류가 활발해지고 있긴 하지만, 여전히 미국의 영향은 막강하다. 그만큼 우리 삶의 양식을 바꾸어 놓은, 미국이라는 나라의 기본 철학과 교육 정신에 대한 이해가 절박하다. 대한민국을 인식하기 위해서는 미국의 생활양식을 심사숙고하여 성찰할 필요가 있다.

민주주의를 성숙시켜가고 있는 21세기 현재의 우리는 어떤 지점에 있는가? 그렇다고 듀이 교육철학만이 우리 교육의 기준이 된다는 말은 결코 아니다. 듀이의 언급처럼, 민주주의를 향한 "철학(학문)은 교육의 이론이고, 교육은 철학(학문)의 실천이다!"라고 한다면, 우리의 민주주의와 삶을 위한 교육을 우리의 시각으로 점검할 필요가 있다.

21세기 제4의 산업혁명시대에, 한 세기 이전인 20세기의 교육철학이 어떤 의미가 있을지 모르겠다. 교육철학자로서 내가 고민하는 것은 여기 이때에 나를 둘러싸고 있는 인간의 삶이다. 삶이 참 어렵다. 교육받은 인간으로서 지성인은 주체적이고 자율적으로 '살아가기'를 갈구하리라. 하지만, 상당 부분의 사람들은 객체로 전락하여 타율적으로 '살아지기'를 강요당하는 듯하다!

어떤 시대에서건 우리는 살아가거나 살아진다. 그런 '사이-세계(inter-world)'에 나와 너, 우리가 존재한다. 그 삶에 가장 도구적이고 실용적으로 접근한 미국의 교육철학이 다름 아닌 존 듀이의 교육적 사유로 생각된다. "교육은 삶 그 자체이다(Education is life itself)!"라고 인식한 그의 학문적 노력에서, 나는 민주주의와 교육, 그리고 삶의 의미를 재고하고 싶었다.

이 책은 몇 년 전, 고려대학교 대학원 강의에서 다룬 내용이 기초가 되었다. <동서양 교육사상 비교 연구>라는 강의였는데, 듀이와 율곡 이이를 중심으로 하는 유학의 교육사상을 비교하며, 삶의 교육철학을 고민한 적이 있었다. 그 가운데 율곡의 교육사상은 『율곡 이이의 교육론』(2015, 경인문화사)으로 출간하였고, 2016년 세종우수학술도서로 선정되었다. 이번에는 그간 묵혀 두었던 듀이의 교육사상을 『민주적 삶을 위한 교육철학』이란 제목에 '존 듀이의 일상교육 구상'이라는 부제를 붙여 내놓는다. 주요 내용은 생활, 경험, 성장, 교육, 학습, 관심, 사고, 지식, 학교, 사회, 도덕, 예술 등 12개의 내용을 교육철학적 시선으로 정돈하였다. 당시 강의 세미나에 참여하여 유용한 자료와 좋은 의견을 제공한, 고려대학교 교육학과와 한국학대학원의 대학원생들에게 고마운 마음을 전한다.

국내에서 듀이의 교육철학은 다른 외국학자에 비해 상대적으로 많은 번역과 연구가 이루어져 있다. 외국의 교육철학자 연구 가운데, 단일 학자에 대한 연구로는 가장 많은 논문과 번역이 이루어진 것으로 알려져 있다. 이 책은 그런 선행연구가 큰 도움이 되었다. 일일이 거론하기 어려워 참고문헌에서 연구자들의 성과를 밝혀 놓았다. 선행연구자들에게도 깊은 감사의 인사를 올린다.

올해 2016년은 듀이의 『민주주의와 교육』이 출간된 지 100년이 되는 해다. 10년이면 강산이 변한다는데 강산이 10번이나 변한 시간이다. 그런데 아직까지도 그의 저술은 한국 사회에서 영향력이 상당하다. 듀이의 사상을 주제로 한 학위 논문은 물론 학술발표회가 심심찮게 열린다. 왜 그럴까?

나는 심사숙고한다. 듀이의 교육철학이 현대 우리 교육의 문제를 풀 수 있는 대안이나 해결책은 결코 아니다. 그런데 나는 듀이의 사유에서 가슴 뭉클함을 느낀다. 그것은 내가 관심을 갖고 연구하는 유학의 사유와 닮아 있는 것 같기도 하고, 무엇보다도 한 세기 전의 사유가 한 세기 후에 출현한 전혀 다른 사회 패러다임인 제4차 산업혁명의 시대에 심각한 교육적 화두를 던지고 있다는 인상 때문이다. 교육적 대안은 아니지만 대안적 사유의 근거가 엿보인다는 것이다. 듀이가 교육철학적으로 고민했던 생활, 경험, 성장, 관심, 사고, 사회 등 다양한 개념들이 변혁과 혼돈으로 점철된

시대의 정신을 해석하는데 도움을 줄 수 있다고 판단한다. 그것이 듀이를 다시 보려는 나의 솔직한 마음이다.

이 책은 『민주주의와 교육』 출간 100주년을 기념하며, 나 스스로 존 듀이의 사고를 성찰하는 계기이기도 하다. 한 세기를 넘어 저술을 통해 교육철학적 사유의 전환을 일깨워준 대학자 존 듀이 선생에게 다시 감사의 인사를 올린다. 듀이의 교육철학을 가능한 풀어쓰면서 독자들이 쉽게 이해할 수 있도록 노력하였으나, 교육과 철학이라는 무거운 주제를 뛰어 넘는 일이 녹록치만은 않다. 듀이와 민주주의, 자기성장을 위한 삶의 교육철학에 관심 있는 독자들의 일독을 권한다.

늘 그래왔지만, 대한민국을 살아가는 여러 지성들과 함께 고민하고 싶다. 유전자 분석, 나노기술, 인공지능, 빅 데이터로 대변되는 제4차 산업혁명의 시대에 우리 교육은 어떤 양식이면 좋겠는가? 학문하는 사람으로서 마음이 무겁다.

2016. 9. 남양주 청옹정사(淸瓮精舍)에서

신창호

차례

주제 1: 생활, 갱신의 과정

삶 그 자체

사람이라 총칭되는 그 모든 것은 삶(life)을 통해 자신을 전개한다. 이 삶의 세계는 아주 단순할 수도 있지만, 상상 이상으로 복잡하다. 삶의 세계를 듀이는 '경험의 전체'라고 했다. 경험의 전체는 세상 사물과 교착(交錯)되어 있다. 실타래처럼 얽혀있는 만큼 문제 상황이기에 그것을 해결하거나 해소하기를 희구한다. 그런 일련의 연속적 과정이 인간의 삶이다. 인간은 교착된 삶의 문제 상황을 깨닫고, 따지고, 풀기 위해 근원적으로 교육을 요청한다. 그러기에 교육은 일상의 과정 자체이자 삶의 본질적 현상이 된다.

삶의 본질적이고 근원적 현상으로서 교육은, 개인적으로나 사회적으로나 인간의 발달과 성장을 추동하는 현재의 생활로 녹아든다. 그 생활은 인간을 비롯한 세상의 모든 존재를 중층적으로 얽어맨다. 여기에서 사물은 세상 속으로 내달리고 세상은 사물로 구성된다. 마찬가지로 인간으로서 개인은 사회를 지향할 수밖에 없고 사회는 개인을 유기체의 일원으로 포용한다. 이는 세상과 사물 사이에서 펼쳐지는 개인과 사회라는 인간 공동체의 조화로운 삶이다.

듀이는 '삶'이라는 '생활세계'를 다양하게 표현한다. 그 대표적 언명이, 인간의 삶, 생활세계는 "환경에 작용하여 스스로를 고치고 새롭게 만들어 나가는 과정"이다. 대부분의 생명체는 자신을 해치려는 어떤 힘에 대해, 그것을 지배하고 통제하면서 자기활동을 한다. 자기활동의 지속적 전개를 통해, 생활세계를 연속적으로 만든다. 인간의 경우, 자기활동은 자신이 필요한 것에 끊임없이 환경을 재적응시키는 작업이다. 이렇게 볼 때, 삶은 개인적이건 사회적이건, 그 사람이 속한 공동체의 풍속이나 신념, 가치, 제도, 사업, 취미, 오락, 놀이 등을 포괄하는 광범위한 경험전체를 의미한다. 경험은 생활경험의 운반자 역할을 하는 개인이 속해 있는 사회집단의 갱신을 통해 지속된다. 동시에 사회는 생물학적 삶만큼이나 전달의 과정을 통해 존재한다. 이 과정은 행동하고, 사고하고, 느끼는 습관을 노년층에서 젊은 층으로 전달함으로써 일어난다. 집단생활을 무시하는 사회 구성원들로부터 사회 속으로 들어오는 사람들에 이르기까지 이상, 희망, 기대, 기준, 견해 등에 대한 어떤 의사소통 없이는 사회적 삶은 존재할 수 없다(이형대, 2004: 68-69). 이런 삶의 연속성을 근원적으로 담보하는 것이 다름 아닌 교육이다.

인간은 교육을 통해 자신이 속한 사회 집단을 수호하거나 개혁하면서 생활을 지속적으로 유지해 나간다. 개인과 집단의 영속을 위해 교육이 요청되고, 그것은 개인의 삶은 물론 사회적 생활의 본질을 이룬다. 개인과 사회의 조화로운 지속은 그 사회 전반을 부단하게 고치고 새롭게 만들어 나가는 작업에 의해 보장된다. 때문에 삶은 인간의 개인적·사회적 갱신(更新; Renewal)의 과정이다. 삶에서 필요한 것은 무수히 많다. 생물학적 차원에서는 영양과 생식이 필수이고, 사회적 차원에서는 교육이 중요하다. 이때 교육은 사람과 사람 사이의 의사소통(意思疏通)을 통한 전달로 이루어진다. 그러기에 인간이 서로 부딪치고 교류하며 갈등과 화해를 통해 다양한 문제를 해결해 나가려는 생활의 과정 자체가 교육상황이 된다. 인간은 자신의 존재를 유지하고 사회에서 다른 사람과 상호작용하며 살아간다. 그 과정 자체가 교육이라는 의미다. 그러므로 듀이는 개인적 성장, 사회의 유지와 발전을 동시에 추구하는 작업을 교육이자 삶으로 인식한다.

사람은 누구나 태어나서 죽을 때까지 자신만의 독특한 경험을 마주한다. 그 경험은 사람으로서 어떤 관심을 갖느냐에 따라 달라진다. 사람은 스스로 경험한 세계를 어떻게 자기화 할까? 인간의 삶을 구성하는 사물이나 사건들은 상호 결합되어 있다. 이러한 결합을 가능하게 하는 것은 개인적 삶의 관심사다. 사람의 마음을 끄는 것은 무엇이든지 그 사람에게는 삶의 세계다. 삶의 세계는 사람의 관심이 변함에 따라 자유롭게 바뀐다. 이 세계에서 일어나는 일들은 놀라울 정도로 빠르게 분리되었다가 다시 결합한다. 그러나 아무리 변화가 빠르고 많더라도 그 세계를 주관하는 주체는 인간 자신이다. 세계와 삶을 주관하는 인간의 관점에서 보면, 변화무쌍한 세계일지라도 세계는 그 자체로 완전한 것이며, 인간의 삶은 세계 내에서 통합된다.

아동의 삶, 가정과 학교생활의 연속성

그런데, 인간이 삶에 눈을 뜨기 시작하는 아동기 때부터, '어떤 삶을 고민해야 하느냐?' 이것이 문제다. 왜냐하면 개인 혹은 사회가 지향하고 지시하는 삶의 방향에 따라 인간의 생활세계는 아주 다른 사태를 마주할 수 있기 때문이다. 한 개인의 삶의 목표가 '자신의 개인적 출세를 염원하느냐, 가문(家門)의 기대에 부응하여 자기를 희생하느냐, 국가를 위해 봉사하느냐'에 따라 그의 인생은 달라진다. 한 사회가 지향하는 정치경제적 목표가 '자유 민주주의냐 사회 민주주의냐, 자본주의냐 공산주의냐'에 따라 그 사회의 안착 지점은 상이하게 된다.

특별한 경우를 제외하고, 일반적으로 아동은 태어나면서부터 가정에서 자신의 삶을 시작한다. 문화에 따라 차이는 있겠지만, 가정에서의 삶이 익숙하게 될 무렵, 보육이 필요한 유아기에는 어린이집을 비롯한 보육기관에, 유치원 이후부터는 학교라는 교육기관에서 또 다른 사회를 마주하게 된다. 가정을 떠나 보육기관이나 학교로 옮겨간 아동은 어떤 삶을 직면하게 될까? 비형식적인 보육의 공간으로서 가정이라는 익숙한 공간에서 형식적 체계를 갖춘 보육과 교육기관으로의 공간 이동! 낯선 상황에 직면한 아동은 상당한 혼란을 겪을 수 있다.

이 지점에서 듀이는 아동의 삶을 고려한다. 그 혼란을 최대한 줄이려는 자구책! 그것은 학교생활을 가정생활의 확장으로 바꾸려는 작업으로 진행된다. 왜냐하면 삶은 그것이 어떻게 전환이 되건, 연속적으로 이루어져야하기 때문이다. 듀이는 이전의 교육학자들과 다른 사고를 전개한다. 학교는 가정생활의 연속이어야 하고, 교육내용 또한 아동의 삶과 밀접히 관련되어야 한다! 학교에서 행해지는 교육내용이 아동의 삶과 관련이 없다면, 그 교육은 실패다. 특히, 삶의 중추 역할을 하는 도덕·윤리의 경우, 그것이 교육을 통해 우리 삶에 녹아든다면, 그 교육은 철저하게 현재를 살고 있는 아동의 삶과 관련되어야 한다. 도덕·윤리교육이 아동을 자극하고 삶의 지침을 줄 목적으로, 교사의 의지에만 의존하여 실행되어서는 곤란하다. 도덕·윤리교육뿐만이 아니다. 객관적 지식을 전수하는 과학 교육도 마찬가지다. 그것이 아동의 삶에 의미가 있다면, 현재의 삶이 가능하도록 교육내용을 구성해야 한다. 그러기에 듀이는 다음과 같이 주장한다.

> 교육이 삶이라면, 모든 삶은 처음부터 과학적 측면, 예술 문화의 측면, 그리고 의사소통의 측면을 지니고 있다. 그러므로 '어떤 학년에 적당한 교과는 읽기와 쓰기다'라고 말한다든가, '그 다음 학년에 올라가서는 읽기와 문학, 과학 등을 가르쳐야 한다'라고 말하는 것은 옳지 않다. 교과를 배우는 차원에서 보면, 진보는 단순하게 일렬로 늘어선 교과를 배워나가는 것이 아니다. 삶의 경험에 대한 새로운 태도, 새로운 관심이 발달해가는 과정이다(PC: 3).

아동에게서 교육이 그들의 삶의 과정에서 진행된다면, 그 내용의 핵심은 경험에 대한 태도이자 새로운 관심의 발달이다. 아동의 교육은 단순하게 나열된 교과목의 지식 내용을 암기하거나 습득하는 작업만은 아니다. 사실적이고 객관적인 가공된 지식의 내용을 넘어, 모든 교과는 그들의 삶에 중요하다. 그것은 철저하게 그들의 삶과 관련을 맺고 있기 때문이다.

엄밀하게 말하면, 사람이 실천하는 교육내용은 과거 경험의 산물이다. 그렇다고 그것은 영원불변하는 고정된 삶의 경험이 아니다. 복합적이고 유동적이어서 현실의 사태와 결부될 때 용융(熔融)가능하다. 어떤 조건이 충족될 경우에는 누구에게나 새로운 경험이 될 수 있는 삶의 가능성이다. 역사나 지리 교과의 경우, 인간의 삶이 이루어지는 맥락, 배경, 전망을 제공해 줌으로써 인간의 삶에 관한 직접적 이해를 풍부하게 만들고, 삶을 보다 풍요롭게 하는 데 기여한다. 특히, 지리는 물리적 측면을, 역사는 사회적 측면을 강조하며, 인간생활의 공동 주제, 즉 인간의 조직이나 집단의 생활을 다룬다(DE: 16). 자연과학의 교과 또한 아동의 삶에서 그 자체가 목적을 가진 것이 되어야 한다. 아동이 경험하는 삶에 대한 자연과학 자체의 내재적 기여 때문에 가치가 있는 내용으로 가르쳐져야 한다(DE, 18).

역사나 지리, 자연과학 교과와 더불어 아동이 사회생활에 효과적으로 참여하는 힘을 기르는 교육은 모두가 도덕·윤리교육이다. 도덕·윤리교육에서 형성되는 인격은 사회적으로 필요한 구체적인 일을 하면서 그와 동시에 성장에 필요불가결한 계속적 재조정에 관심을 가진다. 삶의 모든 장면에서 배우려는 관심! 이것이야 말로 가장 중요한 도덕·윤리적 관심이기도 하다(DE: 26). 삶은 그 자체가 스스로의 존재 이유가 된다. 아동이건 성인이건 교육의 과정에서 언급되는 유용한 내용들은 삶 자체의 경험을 증대시킨다는 점에서 그 정당성을 부여받는다(DE: 18).

아동의 삶이 가정과 학교에서 연속적으로 진행되어야 한다면, 학교는 아동의 삶을 담보하고 아동을 사회화하는 주요한 기관으로서 작동해야 한다. 교육이 사회화 과정인 만큼 학교의 교육과정도 사회생활의 한 형태가 되어야 한다. 학교가 삶의 전형적인 모습을 나타내어야 한다고 할 때, 학교에서의 삶은 아동이 가정에서, 이웃에서, 놀이터에서 살고 있는 삶과 다르지 않은, 실감과 생기를 지녀야 한다. 그것은 교육이 삶의 여러 형태들, 그 자체만으로도 살 가치가 있는 삶의 형식들을 통해 이루어져야 함을 의미한다. 그렇지 않으면 그것은 언제나 진정한 실재가 아닌 가짜의 대용물을 표현하는 것이 된다. 그러므로 사회기관으로서의 학교는 현존하는 사회생활을 단순화해야 한다. 왜냐하면 학교는 인간의 생활세계인 전체 삶의 축소판이기 때문이다(PC: 2).

다시 강조하지만, 아동의 삶을 위해, 학교는 가정생활을 출발점으로 하여 그 연속선상에 존재해야 한다. 학교에서의 생활은 가정에서의 익숙한 활동들과 연관되어야 한다. 학교는 가정에서의 활동을 아동에게 보여줌으로써 아동이 점차 그 활동의 의미를 알도록 하고, 그 활동과 관련하여 자신의 역할을 수행할 수 있도록 재현해 주어야 한다. 왜냐하면 이것이 아동의 성장에 계속성을 부여하는 유일한 방법이기 때문이다. 학교가 아동의 현재 삶이 아니라 미래 삶을 위한 준비기관으로서 역할을 수행한다면, 아동의 학교생활은 현재 아동이 경험하는 진정한 삶의 일부가 되지 못한다. 학교생활은 상당 부분 아동의 삶과 유리된다. 이는 진정한 교육을 방해한다(PC: 1). 따라서 학교생활은 아동의 미래 삶이 아닌, 구체적인 현재 삶에 기여해야 한다.

이런 점에서 학교는 가정을 포괄하고 있는 지역사회와 동일한 모습을 띠어야 한다. 사회적 지각과 관심은 진정한 사회적 분위기, 공동의 경험을 구축하기 위해 자유로운 교환이 있는 풍토에서만 발달할 수 있다. 삶의 장면과 유리된, 단순히 교과목으로 객관적 지식만을 공부하는 장소로서의 학교가 아니라, 공부와 성장이 현재 공유되고 있는 경험의 장! 그 한 부분이 되는 사회집단의 축소판으로서 학교가 되어야 한다. 운동장, 멀티미디어실, 과학실험실, 독서실 등 학교의 모든 공간은 아동의 자연적이고 능동적인 성향을 지도할 수 있어야 한다. 뿐만 아니라, 상호교섭, 의사교환, 협동을 가능하게 하고, 사회정신의 핵심인 여러 상황들의 연관을 지각하고 확장하는 곳이어야 한다(DE: 25). 아동은 가정이나 지역사회에서 익숙했던 활동을 학교생활에서 경험하고 배움으로서 삶의 의미를 깨닫는다.

삶, 발달과 성장

아동의 삶이 가정과 학교에서 연속적으로 이루어지기를 염원하는 듀이에게서 생활은 달리 표현하면 발달이자 성장이다. 발달 또는 성장이 삶의 본질적 특성이다. 이것을 교육으로 환원하여 말하면, 교육의 과정은 삶 자체이며 그 이외의 다른 목적을 가지지 않는다. 교육 자체가 삶을 실현하는 근본 목적이다. 따라서 교육의 과정은 삶을 끊임없는 재조직하고 재구성하며 변형을 지속한다.

삶의 성장에는 개인과 사회가 성장하는 것 이외에 다른 목적이 없다. 삶에서 성장은 교육에 지속적으로 참여하는 일 이외의 다른 고려사항이 없다. 그러므로 아동이 집중적으로 참여하는 학교교육의 목적은 아동이 성장하는 힘을 조직적으로 기르면서 그것을 계속 해 나갈 수 있도록 하는데 있다. 그 결과 아동은 삶 그 자체에서 학습하려는 성향을 기른다. 나아가 학교교육을 거친 모든 사람은 삶의 과정에서 스스로 학습할 수 있도록 삶의 조건을 만들어 나가는 성향을 갖춘다. 그것이 학교교육이 인간의 성장에 기여하는 최상의 작업이다.

인간의 삶에서 발달 혹은 성장은 일정한 방향으로 삶을 이끌어 가는 힘을 의미한다. 이때 발달이나 성장은 관심, 행동의 숙달, 그리고 관찰과 사고의 대상이 특정한 것에 고정되는 것 등, 인간으로서 습관의 형성을 말한다. 따라서 사람들 사이에 차이가 드러나는 것은 사람 각각의 조건에 맞게 성장의 방식을 달리하는 것이다. 아동과 성인의 차이는 '성장하지 않았는가 성장했는가'의 차이가 아니다. 아동은 아동대로 성인은 성인대로 자신의 조건에 맞게 성장하는 것이다. 경제적 문제를 해결해야 하는 경우, 아동은 아직 그 문제를 해결할 조건을 갖추지 못했기 때문에 성인으로 성장해야 문제를 해결할 수 있다고 말할 수 있다. 반대로 동정심이나 호기심, 편견 없는 감수성, 마음의 개방성 등의 측면에서는 오히려 성인이 아동의 상태로 성장해야 한다고도 말할 수 있다(DE: 4).

삶이 존재하는 인간의 생활은 열정적이고 헌신적인 활동으로 넘실댄다. 때문에 아무리 아동일지라도 발달 혹은 성장의 차원에서 보면, 그것은 성인이 아동에게 무엇인가를 해 주는 것이 아니다! 아동들 스스로가 하는 것이다(DE: 4). 발달 혹은 성장이란 아동에게 어떤 것을 보태는 작업이 아니라 아동이 자기 활동을 통해 이루는 것이다. 그러므로 삶 속에서 아동은 발달하고 성장한다. 그것뿐이다. 그 근원에 아동의 관심에 대한 인식이 존재한다.

듀이는 '교육 상황에서 교사는 언제나 학생의 관심에 부합하는 교재와 학습내용을 선택해야 하고, 교사 중심이 아닌 학생 중심적으로 수업을 진행해야 한다'는 견해에 대해, 다음과 같은 입장을 명확히 밝힌다.

나는 아동들이 어떤 일에 그저 '관심'을 가지고 있다는 이유 때문에, 아무 의미도 없는 일을 중요한 활동이라고 극구 찬양하며, 그 일을 계속하도록 추켜세우는 경우를 자주 보았다. 아이들을 그런 무가치한 활동을 계속하도록 내버려두는 것은 실로 죄악에 가까운 일이다. 이런 활동을 계속하게 되면 아이들은 가치 있는 일을 할 수 있는 기회를 충분히 갖지 못하게 되고, 나아가 가치 있는 일에 대한 관심과 애정을 갖지 못하게 만드는 결과를 낳게 된다. 사람들의 삶의 수준은 그가 무엇을 알고 있으며 무슨 일을 하는 지에 의해 좌우된다. 따라서 아이들은 어쩔 수 없이 그런 일에 관심을 갖게 되고, 따라서 낮은 수준의 삶에 머무르게 된다(CC: 1).

듀이의 입장은 분명하다. 교사가 자기의 교육철학에 빠져 학생의 관심에 대한 심리적 상태만을 고려하게 되면, 학생이 갖는 관심의 내용과 대상을 고려하지 않게 된다. 이때 학생은 낮은 수준의 삶에 머무르게 되기 때문에 무가치한 관심에 대해서는 신중해야 하고 무조건 받아들여서는 안 된다는 것이다. 이러한 무가치한 관심의 문제를 해결하기 위해, 교사는 학생들의 일상적 삶의 내용으로 교육내용을 재구성해야 한다. 특히, 교사는 아동을 미성숙한 존재로 보고, 모든 것을 계획하고 지시하고 통제하는 것이 아니라, 아동에게 상당한 자유를 주고 그들의 능력이 마음껏 피어날 수 있도록 적절한 환경을 마련해 주어야 한다. 그러면 아이들은 보다 바람직한 상태를 향해 나아가기 위해 스스로 최선의 노력을 다하게 된다. 아이들은 그들 스스로가 지니고 있는 성장할 수 있는 힘을 이용하여, 스스로 도달해야 할 목적지에 이를 수 있다(CC: 1).

이러한 듀이의 사유는 교육을 '내면으로부터의 계발'이라고 이해하는 '성장의 교육관'과 유사한 것처럼 보인다. 그러나 성장의 교육관은 프뢰벨과 헤겔의 이론에 드러난 것처럼, 현재 유기체의 경향과 환경 사이의 상호작용을 무시한다는 점에서 미래를 위한 준비 교육과 유사하다. 왜냐하면 성장은 단순히 과도기적인 것으로 간주되고, 그 자체가 목적이 아니라 이미 숨겨져 있는 어떤 것을 바깥으로 드러내는 수단에 불과한 것으로 생각되기 때문이다. '형식도야 이론' 또한 자발성, 독창성, 융통성, 특수한 활동들 간의 폭넓고 지속적인 상호작용에서 생길 수 있는 특성들을 도외시하므로, 듀이는 성장의 교육관에 동의하지 않는다(DE: 8).

듀이에게서 삶은 '발달' 혹은 '성장'이라고 했다. 살아 있는 인간이라면 누구나 참되게 적극적으로 생활하려고 하고, 유사한 정도의 내재적 충만과 절대적 요구를 지향하며 살려고 한다. 때문에 교육은 모든 인간의 발달 또는 성장을 위해, 잘 사는 생활을 보장할 수 있는 조건 마련에 기여해야 한다. 이런 점에서 우리는, 삶이 그 자체의 내재적 의미를 잠재하고 있다는 것, 교육이 하는 일은 그 의미를 실현하는 데 있음을 직시하고 인정해야 한다.

인간의 삶에서 겉으로 나타나는 표식은 어디까지나 발달 혹은 성장의 가능성에 불과하다. 그러므로 진정한 인간의 삶을 피상적 행위나 관심의 측면에서 파악해서는 곤란하다. 발달 혹은 성장은 삶의 특징이기 때문에 교육도 발달 혹은 성장과 동일한 차원에서 논의된다. 교육은 삶의 발달 혹은 성장 이외의 다른 목적을 지니지 않는다. 특히, 학교교육의 가치를 판단하는 기준은, '교육이 인간의 지속적인 발달 혹은 성장을 위해 어떤 열의를 일으키는가?' 그리고 '그 열의를 실천에 옮기는 수단을 제대로 제공하는가?'에 있다(DE: 8).

이렇게 볼 때, 교육의 과정은 지속적인 삶의 발달 혹은 성장이다. 그 목적은 각각의 단계에서 발달 혹은 성장의 능력을 더해 주는 데 있다(DE: 5). 아동의 경우도 마찬가지다. 아동도 자신의 삶 속에서 다양한 문제에 직면하고, 그 문제를 해결한다. 그리고 그 가운데 발달하며 성장한다. 아동의 삶은 단순하게 미래를 위한 준비나 과도기적 과정이 되어서는 안 된다. 그러므로 교육과정이나 교육내용도 아동의 현재 삶과 관련되어야 하며, 아동의 발달 혹은 성장이 가능하도록 구성되어야 한다.

교육, 현재 삶을 위한 것

인간의 삶은 언제나 '현재적'이다. 흔히, 과거를 인식하고 미래를 예측하기 위해 교육을 하고 연구를 하고 학문에 몰두한다. 과거를 바탕으로 현재를 비춰볼 수는 있으나 미래의 사태는 언제나 불확실하다. 확실하게 증명된 것은 과거의 경험적 사실과 직면한 현실뿐이다. 그러나 과거는 이미 지나갔고 미래는 아직 오지 않았다. 우리에게 명증한 것은 현실, 현재의 삶이다. 듀이는 『나의 교육신조』에서 의미심장한 의견을 피력한다.

> 아동에게 미래의 삶을 위한 준비를 시켜준다는 것은, 아동이 스스로를 통제할
> 수 있도록 하는 것, 다시 말하면 그의 모든 능력을 어디서나 충분히 발휘할 수
> 있도록, 그 아동을 훈련시킨다는 뜻이다(PC: 1).

이런 인식은 역설적이다. 통제와 훈련이 의미하는 비자발적이고 타율적인 삶의 사태에 대한 경계다. 교육이 장래의 불확실한 삶을 위한 준비가 아니라 현재의 확실한 삶을 살아가는 것일 때 의미를 갖게 된다는 것이다. 교육을 장래의 삶을 위한 준비로 본다면, 그것은 성인이 되었을 때 성인으로서 생활을 책임지고 성인으로서 누릴 수 있는 특권에 대한 준비를 의미한다. 이런 시선은 아동을 본격적 의미에서 이 사회의 구성원으로 보지 않는 맥락을 깔고 있다. 즉 이 사회 구성원으로서 아동 자체가 아니라, 이 사회의 진정한 구성원인 성인의 후보생으로서 차례를 기다리는 단계로 본다. 이런 관점에 매몰되면, 다음과 같은 측면에서 삶에 부정적 차원을 고조시킬 수 있다(DE: 5).

첫째, 교육의 추진력을 잃어버린다. 왜냐하면 아동의 발달 혹은 성장을 소극적으로 또는 결핍의 측면에서 파악하기 때문이다. 아동은 현실에 직면하여 현재를 살고 있다! 실질적 현실을 망각하고 아직 오지도 않은 미래의 삶을 준비하는 것으로 교육을 인식하는 일은 파악되지 않은 불확실한 것에서 삶의 동기를 찾는 것과 마찬가지다.

둘째, 미래는 막연하고 요원하다. 때문에 현재의 조건을 교육에 적합하

도록 최대한 노력을 기울이려고 하지 않기 쉽다.

셋째, 교육에 참여하고 있는 개인의 특수한 능력이 당연히 겨냥해야 할 표준을, 보통 평균적으로 기대하고 요구하는 표준으로 대체할 우려가 있다.

넷째, '미래의 삶을 준비한다'라는 교육 원리는 쾌락과 고통이라는 외적 동기에 대대적으로 의존하게 만들 가능성이 있다.

교육이 삶의 발달 혹은 성장이라면, 그것은 당연히 현재의 가능성을 점차적으로 실현할 수 있도록 해주어야 한다. 개인에게 나중에 발생할 문제를 해결하는 데 보다 적합한 사람이 되도록 해야 한다.

발달 혹은 성장이라는 것은 예기치 않던 순간에 갑자기 완성되는 삶의 양식이 아니다. 끊임없이 미래로 미끄러져 들어가는 작업이다. 현재와 단절시켜 놓은 미래를 준비하는 작업이 아니라 현실과 연속적인 미래를 끌어안는 일이다. 학교 안이건 밖이건, 환경이 현재 미성숙한 인간의 역량을 적절하게 활용하는 조건을 제공한다면, 현재의 연장인 미래는 저절로 해결될 수 있다. 끊임없이 발달하고 성장하는 삶을 위해, 미래 삶의 준비를 할 필요가 크면 클수록, 현재의 경험을 최대한 풍부하고 의의 있게 하도록 경주하는 일이 절대적으로 요청된다. 이렇게 하면 현재는 자연스럽게 미래로 연결되고, 그에 따라 미래의 문제는 저절로 해결된다(DE: 5).

교육을 미래의 삶을 준비하는 것으로 보는 교육관은, 그것이 지향하는 목적을 실현하지 못하기 쉽다. 바람직한 교육은 현재의 즉각적인 삶의 필요와 가능성을 최대한으로 살리는 사업이다. 이러한 사업이 바로 현재의 삶을 위한 교육이 된다(DE: 6).

듀이에 의하면, 현재의 생활은 과거에서 해결의 실마리를 찾아야 할 문제를 일으키며, 과거의 경험은 우리가 찾은 실마리에 의미를 부여한다. 과거가 과거인 이유는 다른 데 있는 것이 아니다. 현재를 특징짓는 내용이 그 안에 들어 있지 않기 때문이다. '역동적으로 움직이는 현재에 과거의 경험이 들어 있다'고 볼 수 있는 경우는, '과거가 현재의 움직임을 이끄는 데 활용될 때'뿐이다. 과거가 현재의 상상력을 자극하는 자원이자 삶에 새로운 차원을 열어주는 것은 분명하다. 하지만 이 모든 것은 과거가 현재와 단절된 또 하나의 세계가 아니라, 현재에 살아 있는 과거로 생각될 때에 한해, 고려할 수 있는 사안이다.

현재에 일어나고 있는 삶의 행위, 발달 혹은 성장의 작용, 그것은 언제 어디서나 현재에만 나타난다. 현재 벌어지고 있는 현실의 필요와 계기에 관해 적절한 감수성을 지닌 사람이라면, 현재의 배경으로서 과거의 경험에 생생한 관심을 가질 것이다. 그런 사람에게 과거의 경험은 현재와 단절되어 있는 것이 아니기 때문에, 현재의 일을 처리하는 데 별도로 먼 과거의 일을 뒤져서 다시 알아낼 필요는 없다.

과거의 경험이 현재의 삶에 녹아들어 있는 사람에게, 유아기, 청소년기, 성년 시기의 생활, 이 모든 단계는 교육적으로 동일한 차원에서 이해된다. 각각의 경험 단계에서 참으로 '학습된' 내용이 경험의 가치를 이룬다. 모든 단계에서 삶의 최고 목적은 그 단계에서 삶의 의미를 풍부하게 만드는 데 있다(DE: 6). 따라서 교육은 미래의 삶을 위한 준비나 현재와 단절된 과거의 경험이 아니다. 오직 현재의 역동적인 삶과 연관된다. 현재의 삶이 과거의 경험과 미래의 삶으로 연결될 때만이, 교육은 진정한 의미를 지닌다.

듀이는 교육과정에서도 학교 공부가 현재 사회생활의 필요에 적합한 방안을 고려해야 한다고 주장한다. 교육과정은 우리가 공동으로 살고 있는 삶을 개선하여 미래가 과거보다 나아지도록 하려는 의도에서 선택된 내용으로 구성되어야 한다. 때문에 교육과정은 무엇보다도 '본질적인 것'을 우선으로 해야 한다. 여기서 본질적인 것이란 사회의 여러 집단이 보편적으로 공유하고 있는 경험과 관련된 내용을 의미한다. 과거의 고전적 전통을 보존하려고만 하는 전문가 집단은 교육내용이 인간으로서 인간의 공통 관심사에 연결될 때 비로소 인간화된다는 사실을 망각하고 있다 (DE: 14).

교육내용은 주로 현재의 사회생활에 내용을 부여하는 의미들로 구성되어야 한다. 이런 점에 비추어 사회생활의 연속성을 해석하면, 그것은 과거의 집단적 경험이 그러한 의미의 형태로 현재의 활동에 기여한다는 뜻이다. 사회생활이 복잡해짐에 따라 현재의 삶은 더욱 중요한 의미를 지닌다. 그리하여 교육내용은 새로운 세대에 잘 전수되도록 특별히 선정되고 구성되며 조직될 필요가 있다.

그러나 이 과정에서 교과 내용이 미성숙한 아동의 현재 경험에 잠재되어 있는 의미를 실현하도록 도와주는 원래의 기능에서 벗어나, 그 자체가 가치를 지닌 것으로 여겨지는 경향이 있다. 특히, 교육자는 아동에 대한 자신의 할 일이 지금 발달하고 성장해 나가고 있는 사회 구성원으로서 아동의 활동에 교과를 조직해 넣는 것이 아니라, 이미 고정된, 과거 경험이나 문장 지식의 형식으로서 교과를 익히고 재생해 내는 능력을 길러주는 데 있다고 오해하기 쉽다.

올바른 교육의 원리는 아동에게 사회에 유용한 활동에 능동적으로 참여하도록 하여, 그것과 관련된 자료와 법칙에 대해 과학적 통찰을 가지도록 하는 작업 가운데 있다. 또한 아동이 갖추고 있는 것보다 훨씬 넓고 깊은 경험을 지닌 다른 사람들이 전달해 주는 아이디어와 사실을 배워, 자신의 직접적이고 일상적인 경험 속에 그것을 동화하도록 도와주는 사업 가운데 있다(DE: 14).

듀이는 강조한다. 역사의 생생한 의미를 죽이는 것은, 역사가 현재의 사회생활 양식과 관심에서 단절되어 취급되기 때문이라고. 과거에 관한 지식은 현재를 이해하는 열쇠다. 역사는 과거를 다루지만, 이 과거는 현재에 살아있는 역사다. 예를 들어 미국의 발견, 탐험, 식민통치, 서부 개척, 이민 등에 관한 지적 연구는 오늘날 미국인들이 살고 있는 미국이라는 나라에 관한 연구다. 과거의 사건도 살아있는 현재와 분리되어서는 의미를 가질 수 없다. 역사의 진정한 출발점은 언제나 현재의 사태와 그 문제들이다(DE: 16).

과거든 미래든 언제나 현재와의 연속성을 가져야 한다. 교육은 그런 철학을 가질 수 있게 혜안을 주는 작업이기도 하다. 교육은 현재의 삶을 위한 것이기 때문에. 이때 교사의 역할이 중요하다. 교사는 단순히 아이들을 '훈련'시키는 것이 아니라 올바른 사회생활을 '형성'하도록 돕는 존재다(PC: 5).

요컨대, 듀이에게서 삶은 교육, 성장, 과거로부터 미래로 이어지는 경험의 재구성 그 자체다. 그것은 교사와 아동의 삶의 경험이 교육의 상황에 적용되어야 함을 지시한다. 우리 인간에게 교육은 저 먼 미래의 삶이 아닌, 지금 여기의 일상생활이자 삶 그 자체를 위한 위대한 사업이다. 현재의 삶에 충실하고 현실에 최선을 다할 수 있는 것, 그 자체가 목적이다.

주제 2: 경험, 행함과 겪음의 결합

경험, 해보는 것과 당하는 것

듀이의 사유에서 '경험'이라는 개념은 그의 사상을 대표할 만한 용어다. 무엇보다도 듀이는 경험이라는 개념이 가지는 의미를 교육학적으로 재구성하였다. 삶의 경험을 교육과 연결시켰다. 아니, 교육과 경험을 일치시키는 동시에 감응(感應)의 양식으로 창조하였다. 그의 교육철학적 힘이 이 지점에서 확인된다. 경험의 개념을 정리해 보면서 듀이가 갈망했던 사유와 행위의 단초를 열어보자. 듀이는 여러 저서에서 다양한 방식으로 경험을 설명한다.

a. '해보는 것'과 '겪는 것'

경험이라는 것은 그 속에 능동적 요소와 수동적 요소가 특수하게 결합되어 있다는 점을 주목해야만 그 본질을 이해할 수 있다. 능동적 측면에서 볼 때, 경험은 '해 보는 것'을 말한다. 이 말의 의미는 실험이라는 용어와 연관시켜 보면 분명해진다. 수동적 측면에서 볼 때, 경험은 '겪는 것'을 말한다. 한 아이가 불 속에 손가락을 집어넣을 경우, 그가 불 속에 손가락을 집어넣는 그 자체만으로는 경험이 될 수 없다. 그 동작의 결과로서 그가 겪게 되는 고통과 연결될 때, 비로소 경험으로 성립한다. 그때부터 불 속에 손가락을 집어넣는 것은 화상을 의미하게 된다. 화상을 입는다는 것이 어떤 행위의 결과로서 지각되지 않는다면, 그것은 나무토막이 타는 것과 같이 단순한 물리적 변화에 불과하다(DE: 11).

b. '행하는 작업'과 '당하는 것'

경험이란 무엇보다 먼저 '행하는 작업(doing)'에 관한 일이다. 유기체는 그것이 간단하든 복잡하든 간에 그 자신의 구조에 따라 주변 환경에 작용해간다. 그 결과 환경에 발생한 변화는 다시 유기체와 그 활동에 반작용한다. 생명체는 그 자신의 행동에 대한 결과를 겪고 당하는 것이다. 행하는 작업과 당하는 것(suffering) 사이의 밀접한 관계로 말미암아 경험이 형성된다. 연결되지 않는 행함이나 연결되지 않는 당함, 이 둘은 모두 경험이 되지 못한다. 경험은 그 자체 내에 연결과 조직의 원리를 가지고 있다. 인식론적인 것이 아니라 생동적·실제적인 것이라는 이유 때문에 이러한 원리의 가치가 떨어지는 것은 아니다. 심지어 하등 동물의 생활에도 어느 정도의 조직은 필요불가결하다. 아메바도 그 활동에서 어떤 시간적 계속성을 갖지 않을 수 없으며, 공간적으로 환경에 대한 약간의 적응이 필요하다. 그의 생활과 경험이 감각적 경험론의 주장처럼 일시적이고 원자적이며 독립적인 감각 작용으로 구성될 수만은 없다. 그 자신의 활동은 자신이 처해 있는 환경과 관련되어 있고, 그의 과거 일과 미래 일에 연관되어 있다. 생명에 내재해 있는 이러한 조직은 초자연적이고 초경험적인 종합을 필요치 않는다. 이것은 경험 내 하나의 조직 요인으로서 지성의 적극적 진화를 위한 토대와 재료를 제공해 준다(RP: 4).

위의 인용문에서 보는 것처럼, 듀이가 제시하는 새로운 의미의 경험은 매우 역동적이다. 왜냐하면 경험이라는 개념이 '행함'과 동시에 '겪음'이 함께 작동하기 때문이다. 서구 전통 철학의 경험론에 말하는 경험은 행하는 것, 또는 행한 것의 결과에 초점을 맞춰 이해해 왔다. 그러나 듀이는 경험을 행함과 겪음의 과정으로 보고 경험의 능동적 요소와 수동적 요소를 결합시키고 있다. 능동적 측면에서 볼 때 경험은 '해보는 것(trying)'이고, 수동적 측면에서 볼 때 경험은 '겪는 것(undergoing)'이다(박연숙, 2007: 126).

한편, 능동적 요소와 수동적 요소의 차원과 동시에 경험은 상호작용을 통해 그 습관을 강화하며 연속성을 띤다. 듀이는 인간의 생물학적 존재 방식을 근거로, 존재의 일차적 모습은 인간과 환경으로 분리되어 있는 상태가 아니라 '상호작용' 그 자체라고 주장한다. 상호작용은 삶의 '일차적 사실'이며 가장 '기본적인 존재 단위'다. 다시 말하면, 세계를 인식하는 주체와 객체가 먼저 있는 것이 아니라, 인식주체와 인식객체의 구분이 존재하기 이전에 상호작용이 존재한다. 듀이는 이러한 경험의 성격을 분명하게 표현하기 위해 '상호작용'이라는 말 대신에 서로가 서로를 변화시킨다는 '교변작용'이라는 개념을 도입한다. 이럴 경우, 아래의 인용문들에서 보이는 것처럼, 경험은 '이중의 요소'가 연속성을 띠는 동시에 통합된 상태로 드러난다. 즉 경험은 경험의 주체와 경험의 객체라는 서로 구분되는 두 요소가 단순히 결합되어 있는 것이 아니라, 그 두 가지 요소가 '분해되지 않은 총체(總體, unanalyzed totality)'를 이루고 있다(박철홍·윤영순, 2007: 93-95).

c. '연속성'과 '습관화'

경험에서 '연속의 원리'란 모든 경험은 앞에서 이루어진 경험에서 무언가를 받아 가지는 동시에 뒤따르는 경험의 질을 어떤 방식으로든지 변형시키는 것을 의미한다. 습관을 생물학적으로 해석할 경우, 연속의 원리는 근본적으로 습관의 실상에 기초한다. 습관의 기본적 특성은 과거에 실행하고 겪었던 모든 경험이 현재 행하고 겪는 그 사람을 변형시키며 또한 이 변형된 것은, 우리가 원하든 원하지 않던, 후속되는 경험의 질에 영향을 끼친다(EE: 2).

d. '생존'과 '누적적 연속성'

생존한다는 것은 행위들의 관련된 연속성으로 인해, 선행하는 행위들이 나중의 행위가 일어나는 조건을 준비하는 데 효력을 발휘한다는 의미다. 물론 무생물에게 일어나는 일에도 어떤 인과 관계의 고리는 있다. 그러나 생명체에게 그 연결 고리는 어떤 특별한 누적적 연속성을 갖는다. 그렇지 않으면, 그 생명은 삶의 종말을 맞는다(QC: 5).

e. '세계와 상호침투 된 능동적 교섭'

경험은 원래 활기가 있으며, 진정한 경험일수록 그만큼 더 생기가 넘치고 역동적이다. 경험은 개인적 감정이나 감각 안에 갇혀 있는 것을 일컫는 것이 아니다. 기본적으로 경험은 환경과의 상호작용, 즉 세계와의 능동적이고 활발한 교섭을 의미한다. 최상의 상태에서 경험은 자아와 사물과 사건으로 구성된 세계가 완전히 상호침투 되어 하나 된 경지를 말한다. 그러므로 경험은 개인의 일시적 변덕에 의해 좌우되는 것도 아니고, 질서나 체계 없이 이것저것 기분 내키는 대로 행하는 것도 아니며, 아무런 발전 없이 정지되고 정체된 행동을 말하는 것도 아니다. 경험은 일정한 리듬을 가지고 변화하며 변화하는 리듬 속에서 발전한다. 경험은 이러한 주기적 변화와 발전을 통해 안정과 균형 상태를 유지해간다. 궁극적으로 경험은 살아있는 생명체가 사물의 세계에 대해 노력하고 성취한 결과로 이룩한 상태를 의미한다(AE: 1).

경험, 의식작용의 산물

〈교육학용어사전〉에서는 경험을 다음과 같이 정돈한다(고려대 교육문제연구소, 2007: 32). 경험의 일반적 의미는 인간이 삶 속에서 의식을 가지고 겪는 모든 것을 말한다. 이처럼 의식은 경험의 근원을 이룬다. 이런 점에서 경험은 의식작용의 산물이다(이병승, 2009b: 210). 좁은 의미에서의 경험은 감각을 통해 겪는 것을 뜻한다. 경험은 인식의 주요한 원천으로서 이해되어 왔다. 그렇지만 우리의 경험이 언제나 지식을 보장하는 것은 아니다. 일반적으로 경험을 수동적 경험과 적극적 경험으로 구분하기도 한다. 우리는 수동적으로 감각자료를 흡수할 수도 있고, 경험을 세계에 대한 적극적 참여로 간주할 수도 있다.

우리가 활동을 통해 경험을 얻게 된다고 보는 입장은, 학습도 어떤 종류의 활동을 통해 일어난다고 제안한다. 이런 입장에서 진보주의 전통에서는 학습이 암송이나 암기보다는 주도적 신체적 활동을 포함해야 한다고 보았다. 경험을 중시하는 교육사상가들은 학생들이 직접 경험을 하는 것이 유의미한 학습이 이루어지도록 하는데 중요한 요인이 된다고 본다.

듀이는 행함으로써 배움을 강조한다. 경험은 능동[행하는 작업]과 수동[당하는 것]의 결합이며, 행동과 사고를 포함한다. 듀이에게 진정한 교육은 모두 경험을 통해 이루어진다. 듀이에게 어떤 경험이 교육적 경험인지를 평가하는 방법은 그 경험의 상호작용과 연속성의 정도를 측정하고 평가하는 것이다. 경험의 상호작용 원리는 객관적이고 외적인 요소와 주관적이고 내적인 요소가 함께 작용한다. 또한 경험의 연속성 원리는 모든 경험이 이전의 경험으로부터 뭔가를 취하고 뒤따르는 경험의 질을 어떠한 방식으로 변화시키게 된다는 것이다. 이와 같이 경험이 질적으로 변화되는 것을 듀이는 경험의 재구성 또는 재조직이라고 한다.

듀이에게 경험이 의미 있는 작업이 되려면, 거기에는 반드시 사고가 개입되어야 한다. 가장 교육적인 경험은 반성적 사고(reflective thinking)에 의해 일어나는 경험이다. 반성적 사고는 문제해결을 위해 마구잡이로 해보는 시행착오법이 아니다. 결과를 예견하고 가설을 세우며 행동으로 검증해보는 것이다. 이와 같은 경험의 결과, 성장이 이루어진다.

경험과 자연

듀이는 퍼스, 제임스 등을 거쳐 프래그머티즘의 사상적 전통을 도구주의로 집대성하였다. 사유의 성장 과정에서 경험에 대한 다양한 해석이 존재한다. 하지만, 듀이가 제시한 관점은 경험적 자연주의 입장이다. 때문에 경험도 그런 관점에서 파악해야 한다(김동식, 2005: 227-235).

듀이는 자기주장의 설득력을 높이기 위해, 고대 그리스의 전통 철학에서 시작하여, 서구의 근대철학, 듀이 당시의 철학 사상에 이르기까지, 경험의 개념이 어떻게 변화되어왔는지를 고찰한다. 그의 탐구는 사상사적 관점은 물론이고 지식사회학적 견지를 곁들여 역사적 내러티브를 구성한다. 이는 다분히 발생학적으로 설명된다. 예컨대, 고전 철학의 견해들이 어떻게 고대 그리스 사회와 연관되어 형성되고 발전하면서 변모해 왔는지 분석한다. 그리고 근대 과학의 영향을 받은 근대철학의 개념들도 마찬가지 시각에서 어떻게 근대 사회와 연관되어 있는지를 곳곳에서 밝히고 있다.

상식이나 소박한 실재론을 따르면, 우리의 경험이나 인식 등은 저 바깥에 존재하는 실재에 대한 지각이나 파악에 의해 우리에게 알려진 것이다. 따라서 저 바깥에 존재한다고 간주되는 실재가 참된 것이거나 궁극적인 것으로 전제된다. 실재가 저기에 있고, 그것에 대해 인식이나 경험이 나중에 성립된다고 보기 때문이다. 실재의 존재론적 우선성에 못지않게 중요한 것은, 실재 그 자체에 비해 그것에 대한 인식이나 경험은 늘 불완전한 것, 오류가 기재될 수 있는 것으로 설정된다는 점이다. 이러한 표상주의에서 실재는 거기에 있으며, 인간의 경험과 인식은 그러한 실재를 참모습 그대로 비추어내는 거울로 간주된다. 그러한 구도에서 인식이나 경험은 기껏해야 최선의 상태에서 실재를 그대로 비추어줄 가능성을 지닌 것이다. 아니면 언제나 잘 닦여 있어야 제 기능을 발휘할 수 있는 어떤 것이라고, 암묵적으로 간주된다.

듀이는 경험을 실재에 대한 모사나 반영, 수동적 지각 등으로 보는 견해를 비판한다. 전통 철학은 소박한 실재론처럼 주관과 객관의 구분을 기본적으로 철학적 구분의 하나로 수용한다. 주관과 객관을 가르는 이분법을 전제로 하면 경험이나 인식에 비해 그 대상인 실재나 자연이 우선적이거나 중요한 것으로 간주된다. 그리고 경험이나 인식은 이차적이거나 오류를 벗어나기 어려운 것으로 설정된다. 따라서 우리가 다루려는 경험, 자연의 개념에 대한 논의에서도 전통 철학의 경우라면 당연히 자연에 대한 논의가 가장 먼저 다루어져야 할 것이다. 경험은 자연이나 실재에 관한 것이다. 때문에 자연이 무엇인지를 먼저 다루지 않고 그것에 관한 경험을 먼저 다룬다는 것은 수레를 말 앞에 놓는 격이나 마찬가지다.

하지만 듀이에게서는 사정이 오히려 반대다. 듀이의 도구주의에서는 경험 개념에 대한 논의 없이 자연 개념을 함부로 논의할 수 없다. 그것은 착오를 범하는 일이다. 듀이 사상에서 자연이나 문화는, 크게 보면 경험의 특정한 부분에 해당된다. 자연이 먼저 실재하고 우리가 자연의 일부분을 경험하는 것이 아니라, 실제로 있는 것은 유기체가 환경과의 상호작용과 상호교섭을 해나가는 과정일 뿐이다. 자연이 따로 존재하는 대상이 아니라, 경험의 과정에서 맥락에 따라 환경의 일부로 설정되는 것에 불과하기 때문이다. 그러므로 경험이 자연이나 다른 개념보다 앞서 강조된다.

경험을 구성하는 핵심 작업으로서 상호작용과 상호교섭은 개념상 긴밀하게 연관되지만, 반드시 구분되어 논의해야 한다. 상호작용은 유기체와 환경이 서로 영향을 주고받는 것을 가리킨다. 그러한 상호작용은 변화를 유발시키면서 발달을 기대한다. 상호교섭은 기본적으로 인간의 인식과 탐구의 과정이 상호거래를 거쳐 통합을 이루는데 다다른 것을 뜻한다. 듀이는 상호교섭에 독특한 의미를 부여하여 강조한다. 유기체가 환경과 상호작용하며 경험해 나가는 과정에서 행동이 통합을 이룰 때 상호교섭이라 이름 붙인다. 따라서 상호교섭은 탐구 과정이자 인식 과정이고, 통합된 행동과 학문의 과정이다.

듀이는 전통 철학, 특히 주관과 객관을 나누는 데카르트적 이원론을 비판한다. 동시에 경험을 원자론적으로 파악하는 경험론도 비판한다. 주관과 객관을 구분하는 전통 철학에서는 '사적이며 주관적 인식이 과연 객관적 지식을 얻을 수 있는가?'라는 문제가 제기된다. 외부 대상에 대한 인식의 성립 가능성, 즉 데카르트가 그토록 중대한 문제라고 설정하고, 이른바 '방법적 회의(methodical doubt)'를 통해 나름대로 해결책을 찾았다고 주장한 인식적 회의론에 대한 극복의 문제가 발생한다.

하지만 듀이는 이러한 문제 설정의 기초를 송두리째 부인한다. 왜냐하면 그는 그것이 잘못된 경험 개념, 특히, 인식론의 기초가 되는 그릇된 심리학에서 비롯되었다고 보기 때문이다. 듀이에 의하면, 앎이란 언제나 알려지는 것과 불가분리의 관계에 놓여 있으며, 양자는 탐구를 위한 동일한 사건, 즉 유기체와 환경의 상호교섭이라는 사건을 형성하는 것으로, 어느 하나가 없다면 다른 것도 동시에 존재할 수 없다. 듀이는 경험을 객관, 즉 자연과 대비되는 정신이 객관을 파악한 결과라고 보는 견해와 반대로, 유기체가 자연과 교섭하는 일련의 상호교섭 과정으로 인식한다.

로크 이래 경험론자들은 대체로, 경험이란 외부 대상에 관한 감각소여(sense data)가 원자론적으로, 낱낱의 형태로 감각되어 파악된 것이라고 보았다. 반면에 듀이는 경험의 전체성과 자연과 유기체의 연속성을 강조한다. 경험이란 내적으로 파악된 자연의 기능, 혹은 자연의 흔적이라 할 수 있는 것으로, 듀이가 파악한 자연이란 변화 과정의 상호 관련성이다. 이렇듯 경험을 유기체와 자연의 연속이라고 보는 듀이의 관점은 다분히 진화론적 자연주의를 수용한 결과다.

듀이가 이러한 관점을 견지하게 되는 결정적 계기는, 당시 심리학에 대한 그의 비판에서 찾아볼 수 있다. 19세기 중반 이후 심리학에서 논의된 이른바 반사호 개념(reflex arc concept)에 대한 비판이다. 반사호란 감각 자극, 중심 행위 혹은 중심 관념, 그리고 반응 혹은 운동력의 발산 등으로 이루어진 일종의 기제로서, 고등 동물과 인간이 외부 자극에 대해 어떻게 반작용하는가를 설명하는 이론적 장치다.

듀이는 반사호의 세 부분을 분절된 부분으로 볼 것이 아니라 단일한 구체적 총체의 노동 분업처럼 하나의 유기적 통일체로 보아야 한다고 주장하였다. 가령 촛불에 손을 가까이 하면 데이게 될 것이므로 손을 잡아당기는 행위를 설명할 때, 기존의 반사호 이론에서는 촛불을 보는 감각 자극과 불에 데기 때문에 손을 잡아당겨야 한다는 관념, 그리고 손을 잡아당기는 행위가 나뉘어 일련의 순서를 지닌 채 분절적으로 발생된다고 본다. 이에 대해 듀이는 그러한 행위 과정의 시작은 불빛에 대한 감각이 아니라 보는 행위라고 파악하며, 일련의 과정들이 상호 관련되게 작용하여 불빛에 닿으면 손이 데므로 손을 잡아당기는 다분히 목적론적 행위를 이루게 된다고 본다. 그것은 하나의 행위를 이루며, 이때 자극은 단지 행위의 시작 단계에 불과하고 반응은 행위의 나중 단계에 지나지 않는다고 파악한다.

이러한 견해의 이면에는 무엇보다 다윈의 진화론이 심리학이나 도덕론에 대해 함축하고 있는 바를 중시해야 한다는 듀이의 통찰이 깔려 있다. 신경 체계는 자극에 대한 반응의 기계적 장치라기보다 오히려 적응하는 기능의 체계다. 유기체에게 좋은 자극은 수많은 과정을 통해 호의적인 것이 되며, 도움을 주지 못하는 자극은 회피의 대상이 된다. 그러므로 자극과 반응의 경우에 심리적인 목적적 요소가 물리적인 것 속에 목적론적으로 내재되어 있다고 파악되어야 한다.

행위 이론에서 다윈의 진화론적 함축을 강조하는 듀이의 관점은 그의 입장을 관념론적 심리학이 주조를 이루는 초기의 헤겔주의로부터 벗어나게 해주었다. 뿐만 아니라, 행위를 설명할 때, 단순히 유기체가 환경의 자극에 반응한다는 설명의 틀을 벗어나 물리적·문화적 환경과 유기체의 상호작용을 행위가 발생되는 장의 기본 틀로 보게 하였다. 그러한 관점은 이른바 기능적 심리학의 발달에 이론적 기반을 제공함은 물론 듀이의 경험 개념을 더욱 풍부하게 만들었다.

이러한 행위이론을 배경으로 한 듀이의 사상에서 경험은 행위의 연속이다. 그것은 유기체가 환경과 상호교섭 해나가는 끊임없는 성장의 과정이다. 행위는 고정된 목적을 지향하여 나아가는 것이 아니라 일정한 조건에서 설정된 목적을 달성하기 위해 이루어진다. 그 목적이 달성되면 그것은 다시 효과적인 수단으로 그 지위가 바뀌게 된다. 그러므로 전통 철학에서 강조된 영속성의 개념도 의미가 달라진다. 진리를 고정 불변의 실체나 원리의 규명으로 보는 전통 철학에서는 언제나 영속성이 값진 것이며,

변화하는 것은 단지 현상이거나 무가치한 것으로 여겨졌다. 하지만 듀이는 양자를 그렇게 대비하지 않는다. 영속성과 변화를 동일한 자연 과정의 기능으로 이해한다. 따라서 관건은 영속성의 추출과 파악이 아니라, 변화에 대한 적응과 그 행위의 과정에 놓여 있게 된다.

듀이의 경험 개념에서 중요한 실천적 과제는 변화라는 기능을 지적으로 이해하도록 효과적으로 배울 수 있게 하는 것이다. 이것이 듀이가 퍼스로부터 이어받은 탐구(探究)의 개념이다. 듀이는 인식을 보는 것에 빗대어 설명하는 전통 철학을 관망자 이론이라고 비판한다. 오히려 앎을 보는 것이 아니라 먹는 것과 같은 자연적 기능에 빗대어 설명한다. 먹는 행위의 상황에서는 먹는 행위자와 먹이를 서로 떼어 놓을 수 없다. 그것은 양자를 분리시킬 경우, 애초의 의미를 잃게 되는 행위자와 환경 간의 상호 교섭이다. 앎이라는 행위의 과정도 알려지는 것과 아는 자 사이의 상호교섭이다. 이는 앎이라는 과정을 인식이라는 별개의 것으로 취급하지 않고, 단지 하나의 생물학적 기능의 과정으로 보는 것이다. 앎이란 마치 음식물을 소화하는 과정과 마찬가지로, 자연적 과정이다.

경험의 재구성

듀이에게 좋은 교육이란 미래의 경험을 지시해 주고 그에 대한 의미를 부여해주는 경험을 재구성하는 작업이다. 경험의 재구성 문제를 보다 고심하기 위해서는 경험의 연속성을 기억할 필요가 있다. 우리 인간의 경험은 가만히 정지해 있을 수 없다. 양적으로 질적으로 끊임없이 변화 한다. '새로운 활동을 통해 경험이 계속 변화 한다'라는 말의 의미는 후속 경험이 선행 경험을 제거하고 그 자리를 대신 차지한다거나, 물건이 쌓이듯이 물리적으로 경험이 바뀌는 상황을 뜻하는 것은 아니다. 그것은 의식의 내부에서 경험이 양적으로 늘어나고 질적으로도 변화 한다는 의미다. 이런 경험의 연속성이 다름 아닌, 경험이 계속적으로 재구성된다는 '경험의 재구성'이고, 이것이 바로 성장이다(송도선, 2009a: 300).

교육의 목적으로서 성장의 개념은 미래의 행동에 대한 지성적이고 반성적 사고, 반향 및 성찰적 방향을 제시하는 일과 관계된다. 아울러 그것은 학습자가 현재의 경험과 다음에 뒤따르게 되는 경험과의 상호 연관성을 통찰하게 한다. 그 결과, 경험은 지적 상징화 과정을 거치면서 그에 대한 의미를 새롭게 부여한다. 새롭게 의미를 부여 받은 경험은 합리화를 시도한다. 합리화는 시행착오를 거치면서 그 타당성을 갖게 되는데, 합리화 과정에서 조작적 탐구가 진행되고 어떤 결론을 도출해내기 위해 여러 상징들과 의미를 통합하는 과정이 따른다. 합리화 과정 자체가 실제 행동을 통해 검증되기 이전까지, 사람들은 그것에 확증적인 믿음을 갖지 않는다. 합리화에는 반드시 경험적 검증이 따라야 한다. 듀이에 의하면, 아무리 소중하게 여기는 아이디어나 가치라고 하더라도 경험적 검증을 거쳐 수정해야 할 필요가 있는 것이라면, 항상 수정할 수 있는 대상이 된다(강선보 외, 2009: 363-364).

경험을 재구성하는 작업은 개인적이면서도 사회적인 측면을 지닌다. 모든 개인은 개인적 경험을 갖지만 동시에 인간의 경험은 사회적 성격을 지닌다. 듀이의 실험적 계속성의 개념에 따르면 경험의 개인적 형태와 사회적 형태는 혼합되어 있다. 모든 개인은 과거의 경험을 지니고 있고 집단도 또한 과거에 만들어진 경험을 지니고 있다. 개인이든 집단이든 현재의 순간은 과거의 개인적·집단적 경험을 반영한 것이다.

인간이 경험을 재구성하여 궁극적으로 불멸하는 결론에 도달한다는 것은 불가능하다. 인간의 지식은 절대적인 확신에 의해 얻어지는 궁극의 존재가 아니다. 타당성 있는 검증을 통해 얻은 일반화를 거쳐 형성한다. 독특한 경험을 얻기 위해서는 경험을 재구성할 필요가 있으며 또 다른 일반화를 거치게 된다. 이와 같이 경험을 재구성하는 일은 독특한 요인을 잉태하고 있는 독특한 문제 상황에 부딪쳐 그에 적합한 일반화 과정을 거치면서 얻어진다. 경험을 재구성한 결과로 얻어진 편향된 특수화는 실험적 계속성이라는 맥락에서 또 다른 검토 대상이 된다.

아동의 교육에서 듀이는 아동의 관심, 욕구 등, 그들의 경험과 분리되어 있는 전통적 교과 교육과정을 거부한다. 그리고 교육과정에서 세 가지의 수준을 제시한다. 첫 번째, 만들어 실행해 보기, 두 번째, 역사와 지리 학습, 세 번째, 연합된 과학의 학습이다.

첫 번째 수준인 '만들어 실행해 보기'는 아동의 직접적 경험으로 구상을 해보고 직접 활동에 참여하여 재료들을 구하여 조작해 본다. 이러한 직접 체험을 하면서 아동은 경험의 여러 가지 기능적 측면에 접하게 되고 지적 사고를 하게 된다.

두 번째 수준으로 역사와 지리 학습은 시간적 경험과 공간적 경험을 확대해 준다. 이는 자기가 살고 있는 집과 학교로부터 지역 사회와 세계로 시야를 확산시키는 교육적 자원이 된다. 체계화를 거친 지식을 가르치기보다 학생이 직접 겪는 환경에서 시작하여 점점 더 넓혀 가면서 학생 스스로가 시간과 공간에 대한 안목을 갖도록 한다. 듀이는 모든 학습이 시간적·공간적으로 특수한 상황적 맥락에서 이루어진다고 생각했다.

세 번째 수준은 여러 가지 과학 교과목을 통합하여 다루는 단계다. 이는 여러 가지 신념이나 주장을 검증하는 일을 다루는 내용이다. 학생들은 이런 작업을 통해 과학적 정보를 얻고 자신의 문제를 과학적으로 풀어가는 방법을 탐구한다. 여러 과학으로부터 얻은 지식을 활용하여 문제 상황을 분석하고 또 해결을 위한 다양한 가설을 만들어 본다.

교육과정에 대한 이러한 듀이의 사유는 지식이나 학문에 대한 수단적 관점과 상호교류, 또는 통합적 접근에 대한 주요한 시사를 한다.

직접경험과 간접경험

경험은 직접경험과 간접경험으로 나누어 볼 수 있다(송도선, 2004: 83-89). 직접경험은 자신이 어떤 사태에 직접 참여하여 생생하게 얻는 경험으로, 매개되지 않는 경험을 뜻한다. 이것은 체험이라는 말과 비슷한 의미로 본인이 사물과의 상호작용 장면에 온몸으로 대면하여 몸소 참여함으로써 실감이 나도록 직통으로 경험하는 것이다. 보다 세련되게 표현하면 절실한 현실감이나 절박감과 같은 생생한 느낌을 통한 경험을 말한다. 간접경험은 인간과 사물 사이를 연결시켜 주는 기호, 언어, 문자 등의 상징

매체를 통해 이루어지는, 매개되는 경험을 뜻한다. 그러므로 일체의 언어와 일체의 상징은 간접경험의 도구가 된다.

직접경험은 시공간의 제약으로 제한되지만, 간접경험은 언어라는 매체를 통해 이루어지므로 얼마든지 그 범위를 확장할 수 있다. 따라서 우리 경험의 많은 부분은 간접경험이다. 간접경험과 직접경험의 차이는 그림에 대한 전문적 설명서를 읽는 것과 그것을 직접 보는 것, 빛에 관한 수학적 공식을 배우는 것과 안개 낀 풍경에서 기묘하게 반짝이는 빛을 보고 배우는 것, 또는 전쟁에 관한 이야기를 듣거나 읽는 것과 전쟁에 직접 참가하여 그 위험과 고난을 함께 하는 것 등, 그 사이 세계에서 상당한 차이를 느낄 수 있다.

이 때 주목할 것은 직접경험도 경험 개념과 마찬가지로 단순히 시행착오 하는 경험과는 다르다는 점이다. 듀이는 자신이 사용하는 경험이라는 의미가, 전통적으로 조잡하고 비합리적인, '무작정 해보는 작업'이라는 뜻이 아니라, 과학에서처럼 여러 가지 실험을 거치는 합리적 과정을 의미하는 '실험적'이라는 말에 가깝다고 한다. 그는 직접경험을 통해 갖게 되는 생생한 현실감은 상징적 경험과 구별되는 것일 뿐, 지성이나 이해력, 상상력은 간접경험에서보다 오히려 직접경험을 하는 도중에 활발히 작동된다고 보았다. 무엇보다도 이 두 가지 경험 사이에서 차이는 질적 가치에 있다. 그로 말미암아 형성되는 경험의 내용에서 질, 즉 경험의 생생함과 확실성의 정도에서 분명한 차이가 존재한다.

교육적 경험

교육적 논의에서 듀이의 경험과 그에 기초한 교육론은 엄격한 의미의 분석 없이 곡해된 채, 너무 쉽게 지지되거나 비판받기도 했다. 가장 흔한 오해는 전통적 교육을 비판하면서, 경험에 기초한 교육적 변혁을 추구하는 듀이의 교육론이 기존의 교육내용을 구성하는 '지식'의 자리에 아동의 '경험'을 대체하려는 것이었다. 듀이에게 전통적 교육 방식이 교육적으로 문제가 되는 것은, 아동이 경험을 하지 않아서가 아니라, '잘못된 종류의 경험'을 하고 있었기 때문이었다(EE: 13).

듀이의 프래그머티즘에 기초한 당시의 진보주의 학교는 아동의 경험을 중심으로 하는 교육을 표방했다. 그러나 듀이는 이를 신랄하게 비판한다. '현재의 경험이 즐겨질 만한 것이기만 하면, 어떤 종류의 것이라도 자발적 자기표현이라는 이름하에 허용하는 것 또한 비교육적 경험이다!' 듀이에게 경험이란 인류 문명이 축적한 유산인 조직된 지식에 대립되는, 이런저런 활동들을 뭉뚱그려 지칭하는 것이 결코 아니다. 경험이라고 하여 모두, 동일한 차원에서 교육적인 것은 아니다. 여러 경험들 가운데, 그 교육적 가치에 의해, '교육적 경험'은 비교육적이고 반교육적인 경험과 구별된다. 따라서 경험이 무엇이고, '교육적'이라는 가치판단의 준거는 어떻게 정당화되며, 인간의 교육적 변화가 어떻게 가능한지를 밝히는, 총체적인 경험의 철학이 듀이의 사유와 실천의 바탕이 된다.

변화를 구체적으로 실현해 가는 경험의 과정이 교육이라는 점에서, 듀이의 사유는 '교육적 과정'과 필연적 관계에 있다. "철학은 교육의 일반

이론이다!"라는 관계 규정이 이를 상징적으로 보여준다(PE: 9). 다시 강조하지만, 철학은 총체적인 교육 이론이다(양은주, 2008: 42). 듀이는 이 세계에 진행되고 있는 급진적 변화의 방향을 체감하면서, 교육을 통해 개인과 사회가 그에 상응하는 새로운 틀로 거듭날 수 있는 가능성을 지향한다. 그가 '교육적 경험'으로 개념화하는 교육적 이상은, 일상적 삶의 경험에서 나오는 인습적 굴레와 낡은 억압의 틀로부터 벗어나는 해방의 계기를 담고 있다. 동시에 듀이에게는 그러한 해방이 단지 개인의 소극적 자유 추구에 머무는 것이 아니라, 가치와 의미를 새롭게 재구성하는 공동의 경험을 통해, 변화된 틀 안으로 다시 통합하는 것을 뜻한다. 따라서 듀이에게 '경험'은 '문제'이고, '해결의 방법'이며, '지향하는 목적'이라는 점을 구별하여 이해해야 한다.

철학적 용어로 볼 때, 경험은 직접 감각적으로 주어지는 것들, 또는 인상들을 가리킨다. 그러기에 언어적 매개를 통해 추상적으로 사유되는 것과 대립되는 개념이다. 따라서 감각적 대상과 관념적 대상의 관계, 즉 구체적인 시공간적 변화 가운데 있는 개별적 존재들과 여러 개체들에 보편적인 추상적 의미들 간의 관계를 해석하는 방식의 차이에 따라, 철학 전통에서 경험의 의미는 다양하게 드러났다. 감각적인 가시적(可視的) 영역과 관념적인 가지적(可知的) 영역을 관계 지우는 다양한 방식들은 존재의 본성에 대한 형이상학적 이해의 차이를 반영한다. 이는 또한 생성과 소멸을 거듭하는 자연 과정의 총체적 변화, 인간을 포함하는 이 세계의 개별적 존재들이 감각적으로 경험하는 변화에 대한 과학적 이해의 수준과도 관련이 있다.

전통 철학에서 '경험'은 변화무쌍한 감각적 세계의 대상에 한정되었다. '이성'처럼 영원히 자기동일성을 띠고 본질적 형상을 관조하는 것과는 반대되는 경멸적 의미를 지니고 있었다. 경험은 단지 현실의 실제적 필요로부터 시행착오를 통해 습성화한 의미를 낳는 활동이다. 서로 상반되는 결론으로 이끌고 진정한 실재에 대한 지식이 아닌 억견(doxa)에 이르게 할 뿐, 참된 인식의 방법으로 신뢰될 수 없는 것이었다.

플라톤의 '동굴의 비유'에서 볼 수 있듯이, 교육은 동굴 속과 같은 혼돈에 있는 감각적 경험계로부터 동굴 밖 태양을 향해 올라가는 정화의 과정을 통해, 불변의 가지적 세계로 영혼이 온전하게 전환하는 작업을 의미했다. 물론, 초기 과정에서 사물에 관한 경험은 삶을 위해 필수적인 과정이다. 그러나 플라톤의 교육 개념을 따를 때, 진정한 교육적 변화란 경험을 통한 이해의 수준으로부터 온전히 이성적으로 전환하는 것을 의미한다. 이렇듯, 고대 및 중세적 사고에서는, 경험에 의해 배우고 터득하는 것은 보편적·절대적 진리가 아니다. 그것은 현실에서 즉각적으로 소용되는 실용적 기술의 숙달과 동일시되었다.

근대에서 경험은 권위적 인습의 지배로부터 벗어나, 합리적 인식 주체로서 인간이 객관적 대상 세계의 참된 인식에 이르게 하는 필수적 수단으로 인식되었다. 외적·인습적 굴절이 배제되었을 때의 경험은 자연의 본성적 질서를 드러내는 순수 객관적 실체에 이르기 위한 방법이었다. 근대 합리론과 경험론의 대립 국면에서 경험의 위상은 각기 달리 규정되고 있다. 하지만 이전시대와 달리, 경험을 객관적 자연의 본질을 포획하는 인식의 맥락에 두고 있다는 점에서는 합리론과 경험론이 일치한다.

로크와 루소의 사상에서 볼 수 있듯이, 객관적 진실과 일치하는 관념을 형성하기 위해 가장 확실한 방법은, 경험을 되도록 단순화하고, 개별 감관이 느낀 결과인 감각적 자료들을 비교하며, 다시 순수한 개별 감관 그 자체에 의해 검증하는 것이다. 서구 근대의 교육적 이상은 인간을 사회의 인습적 왜곡으로부터 보호하고, 내면에 주어진 자연적 발달의 질서에 따라, 독립적이고 자율적이며 합리적 개인으로 성장하게 만드는데 있었다. 교육에서 경험은 권위적으로 부과되는 지식을 수동적으로 받아들이기보다, 자신의 이성과 감관의 힘을 사용하여 대상에 대한 바른 판단력을 갖게 하는 수단이었다. 개인의 감관 훈련, 관찰, 실험 등을 교육 방법으로서 강조하는 입장은 경험의 근대적 개념 정의를 기반으로 한 것이다.

고대로부터 근대를 지나 현대로 넘어오면서 경험의 개념은 상당히 다르게 인식된다. 이제 경험은 독립된 객체가 그 정신적 복사물로서 감각적 인상을 각인한 결과가 아니다. 대상 세계의 순수 객관을 투명하게 비추는 합리적 인식 주체는 허구로 진단되었다. 모든 구체적으로 경험된 내용은 경험하는 개인이 태어나 자라온 사회의 인습적 틀을 통해 재구성한 결과다. 인간의 경험을 통해 구성되는 세계에 대한 지식과 가치는 더 이상 객관적 실재의 본질을 드러내는 것이 아니다. 사회·역사적 구성물이다. 따라서 객관적 진리로서 획일적으로 부과되는 지식과 가치는 사회 집단 내에 무의식적으로 편재해 있는 권력의 억압적 구조를 반영하는 것으로 비판받는다. 반면, 구체적 개인과 집단의 '살아진 경험(lived experience)'의 질적 차이와 다양성은 보편적·보수적 절대주의에 저항하는 토대가 되었다.

듀이의 경험 철학은 이러한 현대의 철학적 사유와 유사한 맥락에 서 있다. 경험을 인식의 수단으로 한정짓고 경험하는 인식 주체와 객관 대상 세계를 대립적으로 이분하는 근대철학의 사유를 부정한다. 그러나 듀이는 개인적·집단적으로 경험된 차이와 다양성에 의거해 허무적 상대주의에 빠지지는 않는다. 질적으로 경험된 차이로부터 세계의 의미가 새롭게 탈바꿈되고 공유되는 가능성을 긍정한다. 물질적 자연계에 관한 실증적 지식을 추구하는 근대적 사고에서는 질적 요소가 배제된 자연과학의 대상이 객관적 실재로 간주된다. 듀이가 문제로 제기하는 것은, 그 결과 인간 경험에 독특한 정서적·질적·윤리적 대상들이 단지 주관적인 것으로서 객관적 자연으로부터 떼어내 지고, 일상적 삶의 행위를 인도하는 가치와 목적의 영역이 객관적 자연과 대립적으로 되었다는 점이다. 근대철학은 인간의 질적 경험과 객관적 자연을, 예술과 과학을, 주관과 객관을, 이질적인 것으로 대립시키는 이원론적 해결에 의지하였다. 그것은 인간의 구체적 삶의 경험을 파편화하게 만들었다.

듀이가 주장하는 경험은 이러한 시대 비판과 문제의식으로부터 출발한다. 듀이는 경험의 특징을 세 가지로 정돈한다(양은주, 1996).

첫째, 경험은 일차적으로 행하고 겪는 일이다. 즉 자아와 세계의 상호작용에 의한 행함과 겪음의 연쇄다.

둘째, 경험은 일차적으로 인지적 목적을 갖는 것이 아니다. 이차적 인지적 경험의 원천과 기능은 일차적 비인지적 경험에 있다.

셋째, 통합된 단일체로서의 경험은 '무엇을 경험하는가?'라는 경험의 내용과 '어떻게 경험하는가?'라는 경험의 방법이 본질적으로 결합되어 있다.

이러한 세 가지 특징은 경험을 통한 변화의 한계와 가능성을 비판적으로 제시하고, '교육적 경험'의 통합적 성격을 밝혀준다.

경험의 구조

듀이에 의하면, 경험은 언제나 개인과 당시 개인의 환경을 구성하는 요소들 사이에 일어나는 거래 작용으로 말미암아 성립된다(송도선, 1998b). 앞에서 간략하게 언급했던 상호작용 원리는 경험주체인 유기체와 경험객체인 환경이 서로 주고받는 작용을 함으로써 경험이 이루어지는 것을 의미한다. 그것은 경험의 본질에 대한 듀이의 독특한 해석을 토대로 전개된다.

경험은 유기체로서의 인간이 환경에 의해 영향을 받음으로써만 성립되는 것도 아니고, 인간이 환경에 어떤 작용을 가함으로써만 성립되는 것도 아니다. 경험은 충동과 욕구를 가진 인간이 환경에 가하는 작용과 그 결과 환경의 반응으로 인해 영향을 받는 것이 결합되어 성립한다. 능동적 요소와 수동적 요소가 융합되어 탄생하는 것이다. 이런 경험의 성과와 가치를 재는 척도는 능동과 수동의 연결 방식과 그 확실성 여하에 달려 있다. 경험으로 배운다는 것은 우리가 사물에 대해 행하는 작업과 그 결과 사물에 의해 받는 기쁨과 고통 등의 어떤 인상을 연결한다는 뜻이다. 이러한 상태에서 '행하는 작업'은 '시도해 보는 것'으로서 '실험'을 하는 것이고, '겪는 것'

은 '배우는 것' 즉 사물들 간의 인과 관계를 알게 되는 것이다.

　듀이는 경험의 성립에서 환경을 매우 강조한다. 우리는 태어나서 죽을 때까지 사람과 사물들이 얽혀있는 세계 속에 살게 된다. 이른바 '세계-내-존재'다. 그러기에 경험은 진공이나 증류수 속과 같은 곳에서 일어나는 것이 절대 아니다. 경험을 유발하는 원천은 개인의 외부에 있다. 인간과 상호작용하는 객관적 조건을 사물이나 대상이라고도 한다. 듀이는 그보다 종합적·포괄적 의미를 지닌 환경이라는 용어를 사용한다. 그에게 환경은 생명체 고유의 행동을 조장하거나 저지하고, 자극하거나 억제시키는 모든 조건이다. 그 조건은 유기체의 활동을 받아 반작용을 하고, 어떤 형태로건 그것에 변화를 가하는 역할을 한다. 거기에서 경험이 발생한다. 이 경험은 개인의 필요, 욕망, 목적, 능력과 더불어 상호작용하는 모든 조건이며, 생명체 고유의 활동을 수행하는 데 관련된 모든 조건의 총체가 된다.

　경험은 다시 상황을 연출한다. 인간의 내부적 조건과 환경이라는 외부적 조건이 상호작용하는 사태나 장면을 듀이는 특별히 '상황'이라고 명명한다. 모든 정상적인 경험은 내부적·외부적 이 두 가지 조건의 상호작용이다. 이 둘이 합쳐지거나 상호작용함으로써 그들은 우리가 흔히 말하는 '상황'을 형성한다. 때문에 상호작용하지 않고 가만히 존재하는 모든 환경이 우리의 경험 내용이 될 수 있는 것은 아니다. 우리가 그 사물에 가하는 능동성과 그것이 우리에게 영향을 주는 수동성이 결합되는 상황이 형성되는 경우에만 경험은 성립한다.

　상호작용을 통해 성립한 경험은 일회성으로 끝나지 않는다. 그것은 다시 미끄러지며 새로운 경험을 창출한다. 경험의 연속성 원리다. 연속성 원리는 상호작용 원리와 더불어 듀이의 통합적 사유를 표현하는 두 축이다. 상호작용 원리를 '공간적 통합' 원리라고 한다면 연속성 원리는 '시간적 통합' 원리라고 할 수 있다. 경험주체와 외부 세상과의 관련성이 상호작용 원리라면 의식 내부의 경험들 상호간의 연계성은 연속성 원리라고 할 수 있다. 그래서 경험은 고정된 상태로 정지해 있지 않고 양적·질적으로 끊임없이 변화한다.

경험이 능동-수동의 결합 관계로 성립하는 것은 기존의 전통 철학에 상존하던 이분법이 지닌 결함의 극복이다. 상호작용 원리는 '유전인가 환경인가?' '개인이 우선인가 사회가 우선인가?' 등, 대립적 논쟁을 벌이던 문제에 대해 그것이 대립되는 문제가 아니고, 통합적이고 상보적 관계로 볼 수 있는 시각을 제공한다. 그리고 연속성 원리는 아동의 경험이 삶의 원형질이라는 신념을 일깨워 준다. 동시에 선행 경험이 자신의 바람과는 무관하게 자신의 일부가 되어 후속 경험에 영향을 미친다는 학습 환경 배열의 중요성과 엄격한 자기 교육의 필요성을 각성시킨다.

주제 3: 성장, 인간 존재의 지속

아동의 힘

듀이의 성장, 혹은 성숙을 이해하기 위해서는 인간의 본성과 아동에 대한 이해가 필요하다. 듀이는 자연적 존재로서 인간의 특성을 보다 구체적으로 설명하기 위해 자연계를 '물질적(physical), 심적-물질적(psycho-physical), 정신적(mental)' 단계로 구분한다(이주한, 2003b: 81-83). 물질적 단계는 기본적인 무생물의 단계로 심적-물질적 단계와 정신적 단계를 포함하는 자연의 기초를 이룬다. 심적-물질적 단계는 활동하는 유기체로 구성되는 단계로 자기 보존을 위해 기초적 욕구와 만족을 갖고 자연과 상호작용하는 생물 상태다. 이 단계에서 생명체는 환경에 스스로 적응하는 동시에 주위 환경을 자신에 맞게 변화시키기도 하고, 경우에 따라서는 감각과 감정을 소유하기도 한다. 정신적 단계는 보다 고도로 발달한 생물이 활동하는 단계다. 이 단계에서는 감각과 감정을 가질 뿐만 아니라 언어와 의사소통을 통해 다른 생물과 조직적 상호작용을 하고, 그 과정에서 사고를 형성하고 조절할 수도 있다.

이런 구분에 기초하여 듀이는 인간성을 세 층위로 구조화한다. 충동(衝動, impulse)과 습관(習慣, habit)과 지성(知性, intelligence)이 그것이다. 이 세 층위는 연속적이며 계속적인 상호작용의 관계 속에 존재한다.

충동은 모든 인간 활동 가운데 가장 원초적인 자연적 기능이다. 흔히 말하는 본능과 유사하다. 인간이 본래부터 타고난 원초적 생명력이 나타나는 동태(動態)다. 인간의 가장 원초적 생명력이 밖으로 분출하는 동적 에너지로서의 의미를 갖는다(김병길·송도선, 2000: 8-9). 때문에 듀이는 충동을 동물적 본능과는 전혀 다른 차원으로 개념화 한다. 듀이에게서 충동은 근원적 힘이며 변화 또는 발전 가능성을 특성으로 한다. 충동의 가장 두드러진 특징 중의 하나가 가소성이다. 충동이 유사한 상황, 혹은 문제 사태와 반복적으로 상호작용을 하게 되면, 그 유사한 상황이나 문제 사태에 대한 일정한 패턴을 가진 대응 방식을 형성한다.

유사한 환경에 대해 유사한 충동이 반복해서 발생하면, 이제는 단순한 충동에서 벗어나 일정한 환경적 자극에 대해 효율적으로 대응하는 일정한 능력이 형성된다. 이것이 습관이다. 즉 습관은 유사한 문제 상황을 반복적으로 직면함으로써 형성되는 특정 문제 상황에 대처하는 일관되고 안정된 반응양식이다(편경희, 2008: 225). 습관은 환경에 대한 대응 방식이 일정하게 고정되어 있기 때문에, 과거와 유사한 상황에서는 충동을 적절히 통제함으로써 그 기능을 충분히 발휘한다. 하지만 과거에 경험하지 못한 새로운 사태에서는 충동에 대한 통제력을 상실하여 효율적인 행동 방식으로서 기능을 발휘하지 못하게 된다. 그렇다고 습관이 타성이나 순응처럼 소극적이고 정태적인 측면으로만 전락하는 것은 결코 아니다. 듀이에 의하면, 습관은 자신을 투사하는 적극적 수단이며 활기차고 위압적인 행동방식이기도 하다. 스스로를 분주하게 만들 자극이 나타날 때까지 무작정 기다리지 않고, 자체적으로 최대한 활약할 수 있는 기회를 능동적으로 찾는다. 즉 습관은 일단 형성되면 외부로부터의 방해 세력에 대해 방어하려는 항존성, 또는 배타성을 갖기도 하지만, 문제 사태에 직면하면 대단히 집요한 자기 관철적 성질을 발동하기도 한다(김병길·송도선, 2000: 12-13). 그러나 새로운 문제 사태에서 습관과 충동의 균형 사태가 파괴될 수 있다. 이런 경우에 요구되는 것이 지성이다.

인간의 삶에서 효율적인 문제 해결을 위해서는 충동과 습관의 균형이 이루어져야 한다. 지성은 충동이 새로운 상황에 접하여 그 상황에 부합되는 새로운 습관을 재조직하도록 안내하고 조정하는 역할을 한다. 지성은 인간 행위에서 충동을 맹목적 상태에서 해방하여 바람직한 방향으로 계도한다. 충동이 습관에 활력을 제공한다면 지성은 습관의 방향과 질을 조정하고 결정한다. 이런 점에서 지성은 인간의 행위에서 충동과 습관을 통제하고 조정하며 안내한다.

문제는 아동이다. 듀이는 인간 본성의 층위에 대해서는 상당히 구체적으로 설명했다. 그러나 아동이 무엇인지 정확하게 규정하지 않았다. 그의 저서에서 아동의 개념이나 정의에 관한 설명은 구체적이지 않다. 그 범위를 정하는 객관적 기준, 예를 들어 연령대 같은 것은 없는 듯하다. 따라서 아동에 대한 일반적 인식, 즉 유치원 학생이나 초등학교 저학년 학생이 '아동'으로 간주될 것 같다. 특성에 따라서는 그 이상의 연령대를 포함하기도 한다.

듀이가 아동을 바라보는 시각은 독특하다. 이전 시대와는 사뭇 다르다. 그것은 아동이 지니고 있는 '힘'에 대한 인식 때문이다. 듀이는 강조한다. 아동에게는 타고난 '힘', 능력(能力)이 존재한다. 인간 본성의 층위 차원에서 보면, 이는 충동에 해당한다. 아동이 지닌 충동의 힘은 성장하는 씨앗과 같다. 때문에 씨앗이 자랄 수 있는 환경이 갖추어지면, 아동은 각자 지닌 성향을 점차적으로 발현할 수 있다. 이 힘은 스스로 어느 정도의 방향성을 가지고 성장한다. 아동은 자신의 관심 영역을 통해 그 상태를 보여준다. 이 힘이 잘 자랄 수 있는 환경을 만들어 주는 것은 외부적으로 할 수 있는 처치이다.

그렇다면 아동의 힘이 자랄 수 있는 환경은 어떤 것인가? 이때 아동의 신체적·심리적 특성이 고려된다. 아동은 경험을 통해 자랄 수 있다. 경험은 그의 관심과 흥미를 통해 길러진다. 여기에서 길러진 경험은 이전의 경험과 통합을 이루고, 이런 과정의 반복을 통해 아동은 성장한다. 아동은 어느 정도 스스로 방향을 지닌 내부의 힘이 있지만, 아동이 성장하기 위해서는 그것이 자랄 수 있는 환경이나 그 방향을 잡을 수 있도록 거들어주는 외부의 도움이 필요하다. 이 도움의 필요성은 듀이의 아동 교육관에서 매우 중요하다. 왜냐하면 아동 내부의 힘이 도달할 수 있는 최대치를 효과적으로 끌어내는 것이 교육 활동이기 때문이다. 아동은 사회 속에서 자란다. 그가 살아있는 한 계속적인 경험을 통해 성장할 수밖에 없다. 그러므로 교육 활동에서 잠재능력의 최대치를 효과적으로 끌어올리는 것이 충분히 고려되어야 한다.

아동이 자신의 힘을 그 본래 성질 그대로 발현할 수 있도록, 보조해 주는 것이 성인의 임무다. 방향은 이미 정해졌다. 아동의 내부에 지닌 '힘'이 그 근거다. 듀이는 아동의 내부에 있는 힘의 방향성에 대해 매우 긍정적이고 적극적이다. 이 지점에서 오해하지 말아야할 부분이 있다. 바로 '내부에 지닌 힘'에 관한 이해다. 흔히, 개체 또는 개인이 지니고 있는 힘이나 능력은 잠재 가능성의 내용에 관한 것으로 인식하는 경우가 많다.

듀이가 지시하는 내부로부터의 계발, 또는 잠재능력의 계발은 확정적으로 잠재된 내용이라기보다는 주변 사물들에 행동하고 상호작용하고 반응하는 경향성을 뜻한다. 그러기에 그 힘과 능력은 '가소성'을 띠며, 내부로부터 발현된 것이 아니라 다른 사물과의 상호작용을 통하여 이끌려 나오는 것이다. 즉 잠재 가능성의 존재와 구체적 내용이 결정되고 확인되는 것은 바로 상호작용에 의해서다. 아동에게서 힘과 능력의 잠재 가능성은 고정된 것도 내재하는 본질적인 것도 아닌, 한 개인이 활동하는 무한한 상호작용의 범위에 관한 문제다(박철홍, 1993: 317-318). 그 힘의 활동성을 보장해 주는 것만으로도, 그 힘이 사회에 봉사하는 쪽으로 자라날 수 있다.

아동의 특성에 관한 듀이의 언급은, 크게 보면 다음과 같이 세 가지 정도로 범주화 할 수 있다.

첫째, 아동은 미성숙한 존재다. 아동은 미성숙하고 미개발된 존재다. 학습의 측면에서 볼 때, 아동은 경험이라는 초기 단계를 거쳐 교과라는 최종 단계에 들어 있다. 아동의 이런 상황을 아는 것은 교육적으로 정말 중요하다. 아동은 이성적 사고 능력, 추상화하고 일반화할 수 있는 능력이 아직 제대로 개발되지 않은 상태다(CE: 1).

둘째, 아동은 성장할 수 있는 힘을 지니고 있다. 듀이는 아동이 갖고 있는 성장할 수 있는 힘을 이용하여 그들이 도달해야 할 목적지에 이를 수 있도록, 성인이 도와주어야 한다고 주장한다. 교육에서 모든 결정의 기초는 현재 아동이 지니고 있는 성장해 가는 힘이다(CE: 1). 이 힘을 인식하는 것이야말로 듀이가 아동을 어떻게 이해하는지를 결정하는 중요한 단서다. 단 하나의 진정한 교육은 이 힘이 아동의 일상을 통해 자극될 때만 가능하다(PC: 1).

아동의 힘은 일상생활을 통해 자극받고 드러나야 하는 어떤 것이다. 듀이는 이 힘을 사회학적 측면과 대비시켜 교육이라는 과정 속에 녹아드는 심리학적 측면, 또는 심리학적 구조와 활동이라고 했다. 다른 말로는 아동의 '본능'과 '경향'이다. 이 힘은 사회적 맥락에서 발현되었을 때 가져올 수 있는 결과가 무엇인지를 예견하며, 그런 방향으로 갈 수 있도록 도와주어야 하는 무엇이다. 예를 들면, 아동의 웅얼거림과 같이 배우지 않고 본능적으로 나타나는 것들이, 사회에서 큰 가치가 있는 것과 교섭하고 대화할 수 있게 될 잠재능력이라는 것이다(PC: 1).

교육의 실질적 목적을 현실 사회에서 아동이 살아갈 수 있도록 최선의 도움을 주는 것, 즉 아동이 자신의 모든 능력을 어디에서나 충분히 발휘할 수 있도록 조력하는 활동으로 볼 때, 개인의 능력, 취향, 관심 등으로 이해되는 아동의 힘은 언제나 우선적으로 고려되어야 한다. 아동의 힘이 궁극적으로 이루게 될 결과는, 아동이, 바로 자신에게 가장 적합한 성인으로 자라는 것이다. 모든 아동들이 내부에 지니고 있는 힘은 이런 개인들의 유기적 통합체인 사회에 공헌하도록 되어야 한다(PC: 1).

셋째, 아동은 자기만의 세계를 가진다. 어떻게 보면 아동이 직접 경험할 수 있는 세계는 상당히 좁다. 그들이 인지하는 세계는 객관적 사실이나 법칙으로 이루어지기보다는 아동 자신이 관심과 흥미를 가지고 있는 사물들로 이루어진다. 특히, 애정과 관심이 아동의 세계를 구성하는 주요한 요소다. 아동이 경험할 수 있는 물리적 환경은 한정되어 있다. 아동의 생활은 자질구레한 것들이 통합되면서 총체적으로 얽힌다. 가만있지 못하고 끊임없이 이리저리 돌아다니고, 관심의 주제를 바꾸면서도, 아동 스스로는 한 주제에서 다른 주제로 생각이 옮겨가는 것을 전혀 의식하지 못한다. 아동의 삶을 구성하는 사물이나 사건들은 서로서로 결합되어 있다. 왜냐하면 아동은 개인적 삶의 관심사를 통해 세상을 보기 때문이다. 아동의 마음을 끄는 것들은 무엇이든지, 적어도 그 아동에게는 삶의 전부요 전체 우주가 된다. 아동이 마주하는 삶의 세계는 그의 관심에 따라 자유자재로 변화한다. 따라서 그 세계를 주관하는 주체는 아동 자신이다(CE: 1).

성장의 의미

성장(成長, growth)은 인간이라는 유기체가 환경에 대한 참여 능력을 높여가는 과정이다. 인간은 성장을 통해 사고 능력과 행위 능력을 확장시키고, 보다 복잡하고 다양한 새로운 상황에 창조적으로 대처한다. 때문에 성장은 인간이 경험하는 모든 측면을 풍요롭게 하고, 그 자체로 인간 존재에게서 최대의 선이다. 요컨대, 성장은 인간의 가장 좋은 삶을 설명하고 인간의 행위와 경험, 그리고 성취를 판단하는 기준이 된다(이준수, 2009: 196).

듀이는 이러한 '성장'을 교육의 목적으로 규정한다. 그의 교육목적론을 이해하기 위해서는, 우선 '목적(目的. aim)'에 대한 기본 입장과 그에 따라 전개되는 교육목적관을 살펴볼 필요가 있다. 듀이는 '목적'이라는 개념을 활동이 질서정연한 순서에 따라 이루어질 때, 다시 말하면, 그 순서가 하나의 과정을 점진적으로 완성하는 식으로 되어 있을 때만 성립하는 것으로 이해한다. 하나의 활동이 일정한 시간대에 걸쳐서 일어나고, 또 그 시간대 내에서 누적적인 성장이 이루어질 경우, 목적은 결과 또는 가능한 종결 상태에 대한 사전의 예견(豫見)을 뜻한다(DE: 11). 다시 말하면, 자연적 과정의 결과가 우리의 의식에 들어와서 현재의 조건을 관찰하고 미래의 행동방식을 선택하는 데 중요한 요소로 활용되는 것이다. 그 목적은 활동을 지성에 의해 통제하도록 하는데 의의가 있다(예철해, 2005c: 195).

이런 측면에서, 목적에 대해 듀이가 내린 정의는, 우리가 경험을 해나가는 가운데 발생하는 '종결 상태에 대한 사전의 예견'이다. 예를 들면, 우리는 방안의 온도가 낮아 추위를 느낄 때, 창문을 닫거나 보일러를 켠다. 그러면 곧 방안의 온도가 높아질 것이다. 창문을 닫거나 보일러를 켜면 방안의 온도가 높아져 따뜻함을 느끼게 될 것을 사전에 예견하여 그러한 행동을 한다. 여기에서 방안의 온도가 높아질 것이라는 예견이 바로 목적이다.

기존의 교육철학은 직관으로부터 연역된 어떤 규범을 인간이 도달해야 하는 목적으로 설정하고, 현실의 교육행위를 규제하려고 한다. 이런 전통적 교육 목적관은 아주 오랜 역사를 지니고 있다. 플라톤의 이데아(idea)가 이러한 교육 목적관의 대표적 사례다. 근대 교육학의 학문적 기초를 쌓았던 헤르바르트의 다섯 가지 관념도 마찬가지다. 그렇다고 전통적 교육목적관이 잘못 설정된 것이라고 할 수는 없다. 모두 나름대로의 시대정신을 지니고 있는 만큼 그 의의와 한계가 존재한다. 플라톤의 교육목적관은 당시 소피스트들의 지적 상대주의에 대응하기 위한 것이었다. 헤르바르트의 경우에도, 철학과 같은 학문으로서의 교육학을 정립하기 위해, 직관을 통해 목적을 도출한 것으로 보인다.

그러나 듀이의 시대, 20세기 전반기에는 이러한 교육목적관이 문제점을 노출하고 있었다. 시대정신에 배치되는 부분이 드러나기 시작한 것이다. 국가나 정치경제적 세력이 그들이 원하는 인간을 양산해내는 수단으로서 교육을 통제하고 간섭하기 시작했다. 이에 교육의 목적은 다시 보편적 인간, 민주주의 시대의 민중들로부터 도출되어야 할 필요성이 제기되었다.

듀이는 현재에 근접한 현실 조건을 발판으로 하는, 활동의 방향을 능동적으로 지도하는 역할에 중요한 의미를 부여한다. 그가 강조한 '예견'은 현재 주어진 조건을 세밀하게 살펴서, 바라는 결과에 도달할 수 있는 여러 가지 방안을 강구하고, 문제해결의 방법을 사용하는 순서나 계통을 암시하여 방법의 경제적 배열을 가능하게 하며, 여러 대안 중에서 가장 적합한 것을 선택할 수 있도록 한다. 이런 목적의식은 어떤 관념적 규범으로부터 도출되는 것이 아니라, 개인과 그 개인이 처한 상황으로부터 도출된다. 이러한 목적의식은 경험 과정에서 주어진 문제를 해결하는 능력으로서 우리의 사고나 지성과 연관된다. 결과를 내다보는 것은 지성의 작용을 포함한다. 우리가 어떤 목적의식을 마음에 갖게 되면, 그에 따른 예견된 결과에 맞추어 현재의 조건을 적극 통제할 수 있다. 이는 목적이 지성에 의해 활동을 통제하는 것임을 말해준다.

그런데 지성이 목적을 잘못 예견하여 인간을 그릇된 행동으로 유도하는 경우에는 어떻게 되는가? 예를 들면, 방안의 기온이 낮아 추위를 느끼고 있는데, 창문을 열어젖히면 오히려 기온이 높아질 것이라고 오판하여 창문을 여는 경우가 있을 수 있다. 이런 상황에서 그 목적을 추구한다면 방안의 온도는 더 낮아질 게 분명하다. 방안의 온도가 이전보다 더 낮아졌음을 깨닫게 되면, 창문을 다시 닫거나 보일러를 켤 것이다. 그러나 이런 예와 같이 소소한 일이 아니라 중대한 일일 경우, 그 피해는 상당히 클 수 있다. 중대한 일의 경우에도 잘못된 예견을 할 가능성을 상정하지 않고, 반드시 '행해 본 다음에야 알 수 있다'라는 식으로 주장한다면, 이것 또한 중대한 오류이다. 이런 문제를 염두에 두고, 듀이는 교육의 목적으로서 성장에 대해 다음과 같이 언급한다.

> 이때까지 우리의 결론은, 삶은 발달이고, 발달 또는 성장은 삶이라는 것이다. 이것을 교육에 비추어서 말하면, 첫째, 교육의 과정은 그 자체 이외의 다른 목적을 가지지 않으며 교육자체가 목적이라는 것, 둘째, 교육의 과정은 끊임없는 재조직, 재구성, 변형의 과정이라는 것이다(DE: 4).

이 인용문은 다양한 해석과 비판의 여지가 있다. 이것은 표면적 논리로는 삶과 교육과 성장을 거의 동일시하는 것으로 보인다. 하지만 그 내용 속으로 들어가면 삶의 과정은 결과적으로 끊임없이 성장을 가져오고, 그 성장 과정은 곧 교육적 의미를 갖는다는 의미로 풀이된다. 다시 말하면,

교육은 삶을 통해 이루어지고, 그 삶의 결과 나타나는 특징은 성장이므로, 교육은 결국 성장을 지향하는 활동 과정이다. 그런데 경험 과정에서 사람마다, 또한 성장의 단계마다 각기 다른 목적이나 목표를 지향할 수 있다. 때문에 모든 사람에게 동일하게 적용되는 보편적·객관적 목적이나 목표는 존재할 수 없다.

이를 생물학적으로 이해해 보자. 실제로 듀이는 진화론에서 많은 영향을 받기도 했다. 예를 들면, 지렁이는 햇볕을 쪼이면 몸을 꿈틀대면서 햇빛이 없는 그늘지고 서늘한 곳으로 이동해가려고 한다. 그곳에 다시 햇볕을 쪼이면 지렁이는 다시 다른 곳으로 이동해간다. 그 이유는 지렁이가 생존하기 위해서는 적정량의 햇볕만이 필요한데, 그 이상의 햇볕이 쪼여졌기 때문이다. 모든 유기체는 삶을 지속해 나가려고 한다. 그러기에 유기체 내의 모든 기관들도 그러한 방식으로 기능하도록 되어 있다. 달리 표현하면, 유기체는 항상성을 유지하려는 본능이 있고, 항상성이 유지되어야만 삶이 유지될 수 있다. 이는 '적응'이라는 말로도 표현될 수 있다. 지렁이에게 필요 이상의 햇볕이 쪼여지는 상황은 기존의 항상성이 잘 유지되었던 환경과는 전혀 다른 환경이다. 이런 환경에서 삶을 유지하기 위해서는 나뭇잎 아래로 숨거나 땅속으로 들어가야 한다. 진화론에 따르면 이렇게 적응을 잘 하는 생물은 살아남지만, 그렇지 못한 생물은 죽게 되거나 심지어는 그것이 포함된 종 전체가 도태될 수도 있다. 이른 바 적자생존(適者生存)이다.

듀이에 의하면, 인간도 마찬가지다. 교육은 교육 그 자체가 목적이라고 했을 때, 그것은 삶은 삶 그 자체가 목적이라고 말한 것과 다름없다. 삶을 지속하고 유지하는 것이 삶의 목적인 데는 다른 어떤 이유나 설명이 필요하지 않다. 삶을 지속하는 것은 생물학적으로 말한다면 항상성을 유지하는 일이고, 끊임없이 환경에 적응해나가는 일이다. 그리고 이러한 활동, 즉 항상성을 유지하고 끊임없이 환경에 적응하는 활동 그 자체가 발달이며 성장이다. 그렇기 때문에 성장은 삶이 지속되는 한 연속성을 띠고, 삶이 곧 성장이라는 언표는 유효하다.

> 살아 있는 한, 생명체는 주위의 에너지를 자신에게 이로운 방향으로 활용하려고 노력한다. 빛, 공기, 습기, 토양 등이 그런 에너지다. 생명체가 이런 것들을 활용한다는 것은 곧 그것을 자기보존의 수단으로 돌린다는 뜻이다. 생명체가 성장하는 한, 그것이 환경을 이용하는 데 소비하는 에너지는 늘 생명체가 거기서 얻는 이득으로 상쇄되고도 남는다. 이것이 바로 성장이다(DE: 2).

듀이가 사용한 성장이라는 용어는, 우리가 일반적으로 사용하는 성장의 의미와 완전히 동일한 것은 아니다. 그것은 보다 포괄적인 의미로 이해되어야 한다. 모든 생명체는 존재를 지속하려는 특징을 지니고 있다. 그리고 이를 위해 환경과 상호작용을 한다. 위의 인용문은 환경과 상호작용을 통해 인간으로서 존재를 지속해나가는 행위, 그 자체가 성장이라는 점을 지적하고 있다.

때문에 듀이의 성장은 발달 심리학에서 말하는 발달이나 성장과는 상당히 다르다. 발달 심리학에서 말하는 성장은 주로 육체적 성장을 의미하고, 발달은 육체적 성장을 포함하여 정신적 성장도 포괄하는 의미로 사용된다. 이런 의미에서의 성장이나 발달은 어느 한 시점에서 종료될 수밖에 없다. 육체적 성장은 2차 성징이 종료되는 사춘기 끝자락, 혹은 적어도 20대 초반이면 종료된다. 발달이라고 해도 인간의 정신적 성장은 어느 시기가 되면, 한계에 부딪치게 마련이다. 예컨대, 노년에 이르면 여러 가지 요인에 의해 종료 수준을 맞이하게 마련이다. 발달 심리학에서 말하는 성장이나 발달을 그래프로 그려본다면, 최고점을 향해 가파르게 올라가다가 그 정점을 찍고 난 다음에는 하락하는, 전환점을 돌아오는 그림을 생각할수 있다. 그러나 듀이의 성장은 이와는 전혀 다르다. 그것은 그저 곧은 직선으로 되어 있는 그래프를 상기시킨다. 그 성장은 삶이 지속되는 한 영원히 계속된다.

미성숙, 성숙의 전제

그렇다면 성장은 어떻게 이루어지는가? 무엇을 전제로 해야 하는가? 단순하게 생각하면 성장하기 이전의 사태, 즉 아직 성장하지 않은 데서 성장이라는 말이 유도될 수 있다. 듀이의 성장 개념을 보다 정확하게 이해하기 위해서는, 성장과 매우 유사한 개념인 성숙(成熟)의 의미를 해결해야 한다. 일반 사전적 의미로 성장은 "사람이나 동식물 따위가 자라서 점점 커지다. 혹은 사물의 규모나 세력 따위가 점점 커지다. 생물체의 크기·무게·부피가 증가하는 일"을 의미한다. 그리고 성숙은 "생물의 발육이 완전히 이루어지다. 몸과 마음이 자라서 어른스럽게 되다. 또는 경험이나 습관을 쌓아 익숙해짐"이라는 뜻이다. 여기에서 성장은 과정적 특성이 강하고 성숙은 결과적 성격을 띤다. 그러나 듀이의 성장은 이와 달리, 성숙을 내포하기도 하고 성숙이라는 외연을 통해 성장을 넓히는 계기가 되기도 한다.

듀이에게서 성숙의 문제는 대단히 흥미롭고 획기적이다. 우리는 앞에서 아동의 힘에 관한 듀이의 인식을 맛보았다. 그에 더하여 듀이는 미성숙을 성숙의 전제 조건으로 본다. 미성숙한 존재만이 성숙을 지향할 수 있다. 여기서 미성숙이라는 말은 어떤 능력의 결핍을 의미하지 않는다. 그것은 보다 긍정적으로 해석될 필요가 있다. 미성숙은 '아직 어떤 힘[능력]을 보유하지 않았음'을 의미하는 것이 아니라, 성숙할 가능성을 지니고 있음, 즉 성장의 가능성을 뜻한다.

> 우리가 흔히 미성숙을 단순히 모자라는 것으로 생각하고, 또 성장을 성숙과 미성숙 사이의 틈을 메우는 것으로 생각하는 것은 아동기를 성인기와 비교하여 생각할 뿐, 그 자체가 의미를 지닌 내재적인 것으로 생각하지 않는 데서 나타나는 현상이다. 우리가 아동기를 결핍된 상태로 생각하는 것은 성인기를 고정된 표준으로 정해 놓고 그것에 비추어 아동기를 측정하기 때문이다. 이렇게 할 때는 자연스럽게 아동이 현재 지니고 있지 않은 것, 성인이 되어야 비로소 지닐 수 있는 것에 주의가 기울어지게 마련이다(DE: 4).

한국어에서도 마찬가지지만, '미성숙'이라는 말의 일반적인 용례는 '아동과 같이 익숙하지 않고 모자라거나 뭔가 결핍되어 있는 사람'을 지칭하는 경우가 대부분이다. 흔히, 미성숙은 성숙이라는 말과 짝을 이루어, 성숙이라는 용어의 상대어나 반대말 정도로 인식된다. 그러나 듀이는 미성숙을 성숙에 도달해야 할 어떤 상태라고 소극적으로 이해하지 않는다. 대신, 그 자체가 어떤 능력을 갖고 있는, 성숙한 상태에서는 찾아볼 수 없는 특정 능력을 갖고 있는 것이라고 말한다. 이렇게 미성숙을 성장의 가능성으로 이해한다면, 그것은 다음과 같은 두 가지 특성을 갖는다.

첫째, 의존성(依存性)이다. 의존성은 말 그대로 무엇엔가 '의존하다'라는 의미가 아니다. 그것은 세상의 모든 유기체가 상호 의존하며 서로에게 필요한 존재이듯이, 나름대로의 힘을 지니고 있다는 의미에서, '사회적 능력'이라는 용어로 표현하는 것이 보다 정확하다. 왜냐하면 듀이가 의존성이라는 미성숙의 특성을 제시하면서 말하려는 것은, 아동을 어린이로서의 의존성 또는 나약성만을 지닌 존재가 아니라, 한 인간으로서 다른 동물들과 달리 사회적 능력을 갖추고 있고, 이를 통해 사회적 환경과 상호작용할 수 있다고 보기 때문이다.

예를 들면, 소나 말과 같은 동물들은 태어나자마자 걷기 시작하며 어미 젖을 찾아 배를 채우기도 한다. 그러나 유아기의 인간은 다른 동물과 비교하기 어려울 정도로 나약하다. 걷지 못하는 것은 물론이고 혼자 힘으로 엄마젖을 찾아 배를 채우는 것도 불가능하다. 유아가 할 수 있는 일은 몸을 가늘게 떨면서 우는 것, 그것밖에는 없다. 이처럼 유아는 다른 동물의 새끼에 비해 아주 무력하다. 그러나 유아에게는 다른 동물들이 갖고 있지 않은 특별한 능력이 있다. 그것이 바로 사회적 능력이다. 이는 사람으로서 공감하는 능력을 의미한다. 실제로 아이들을 주의 깊게 살펴본 사람이라면 알 수 있듯이, 유아들은 주위 환경이나 어른들에게 공감하는 능력이 매우 뛰어나다. 유아는 단순히 의미 없이 흔들리는 모빌에도 반응할 정도로 민감성이 뛰어나다.

이처럼 미성숙한 상태가 바로 의존성이라는 주장은 상당한 의미를 지닌다. 왜냐하면 모든 인간은 상호 의존하면서 살아갈 수밖에 없기 때문이다. 아주 특별한 경우, 사회로부터 고립되어 혼자 살아갈 수 있는 가능성도 존재하기는 하나, 실제로 사회로부터의 완전한 고립은 상당히 위험한 동시에 거의 불가능하다. 듀이는 혼자 고립되어 살아가려는 것을 일종의 정신병으로 언급하기도 하였다. 모든 인간이 필연적으로 사회적 삶을 살아갈 수밖에 없다고 할 때, 사회적 능력은 엄청난 의미를 갖는다. 다른 사람들과 공명하고 공감하며 의견을 나누는 과정에서 삶을 영위해나가는 것이 인간이다. 이 과정에서 인간은 환경에 적응할 수 있는 지식을 학습한다. 그것이 다름 아닌 성장이다.

둘째, 가소성(可塑性)이다. 가소성은 경험을 통해 학습하는 능력을 본질적 특성으로 한다. 하나의 경험에서 배운 것을 나중의 문제 사태를 해결하는 데 활용하는 힘이다. 이는 이전 경험의 결과에 비추어 행위를 수정하는 능력이다. 한 마디로 말하면, 성향을 발달시키는 능력이다. 이 능력을 갖지 않고서는 습관의 형성이 불가능하다(DE: 4). 이렇게 볼 때, 가소성은 단순히 변할 수 있는 능력을 넘어, 보다 적극적 차원에서 '인간이 학습할 수 있는 능력'을 의미한다. 인간은 태어나서 죽을 때까지 수없이 많은 행동을 학습하게 된다. 듀이에 의하면, 학습은 어떤 경험에서 배운 것을 바탕으로 이후에 발생하는 문제 상황을 해결할 때 활용한다. 일종의 적용

능력이라고도 할 수 있다. 이러한 학습을 통해, 인간은 특정한 문제 상황에서 유용하게 사용할 문제해결의 방법을 발전시킨다. 이를 습관이라고한다.

학습으로 터득한 습관의 중요성은 경제적 측면에서도 확인된다. 앞에서도 예시했듯이, 방안의 기온이 낮을 경우 사람들은 습관적으로 창문을닫거나 보일러를 켠다. 사람들이 이러한 행동을 습관에서가 아니라, 일일이, 또는 매순간 그 결과를 따져보고 판단해야 한다면, 이는 정신적으로도육체적으로도 피곤한 일이 될 것이다. 그러나 이러한 행동이 습관이 된다면, 상당한 부분 피곤함을 줄일 수 있다. 이는 사소한 예에 불과하지만, 실제로 우리의 일상은 습관으로 구성되어 있다. 우리는 이런 습관들 덕분에변화하는 환경에 효과적으로 대응하는 것이다. 습관은 다음과 같은 특성을 지닌다.

첫째, 행동을 효율적으로 만드는 방법 역할을 한다. 습관은 자연 조건을, 목적을 위한 수단으로 사용하는 능력이다. 행동에 필요한 각종 기관을 통제하여 환경을 능동적으로 조절한다. 이때 습관은 환경과 상호작용을 하며 그것은 물리적·사회적 환경의 영향에 의해 형성되어진다는 의미와 새롭게 형성된 습관들은 다시 우리가 살아가고 있는 환경에 영향을 준다는 이중적 의미를 지닌다(윤원주, 2002: 122). 그런 가운데 인간은 교육에임하므로, 교육은 '어떤 환경에 대해 개인의 적응을 가능케 하는 습관의획득'으로 정의되기도 한다. 여기서 적응은 목적을 달성하기 위한 수단을통제한다는 적극적 의미로 이해된다. 우리가 습관을 단순히 신체상의 변화를 초래하는 것으로만 생각한다면, 그것은 습관이 아니라 '타성(惰性)'

이다. 타성은 상대적으로 수동적 의미가 강하다. 또한 그것은 적응의 능동적 측면과 비교해 볼 때 '안주(安住)'라고 부를 수도 있다.

둘째, 습관은 그 속에 들어 있는 '마음의 습관' 때문에 독특한 의의를 지닌다. 습관에 들어있는 지적 요소는 습관을 다양하고 탄력성 있는 용도에 연결시켜 줌으로써 지속적 성장을 가능하게 한다. 생리학적으로 볼 때, 유기체의 가소성은 나이가 들수록 감소하는 경향이 있다. 아동이 본능적으로 지니고 있는 발랄한 행동, 끊임없이 색다른 일을 시도해 보려는 행위, 새로운 자극과 발전을 추구하는 경향 등은 얼마 지나지 않아 누그러진다. 이는 다른 것을 의미하는 것이 아니다. 변화를 싫어하면서 지난날의 성취에 안주해 버린다는 뜻이다. 습관을 형성하는 데 지적 능력의 사용을 최대한으로 보장하는 환경만이 이러한 경향을 극복할 수 있다. 사람은 나이가 들면 몸이 굳어지고 이것이 생리적 구조에 반영되어 사고에 영향을 미친다. 그러나 그만큼 지적 기능을 최대한 발휘할 수 있도록 끊임없이 주의를 기울여야 한다는 점을 환기시키기도 한다. 습관의 외적 효율성을 도모하기 위한 기계적인 반복 행동, 즉 사고를 수반하지 않고 신체적 기술에 의존하는 근시안적 방법은 성장에 도움이 되는 주위의 환경을 고의로 차단한다.

미성숙의 상태에서 가소성이 잘 발휘된다는 사실은 아동이 언어를 학습하는 능력에서 확인할 수 있다. 어린 아동은 인간이 지닌 다른 능력들도 잘 수용하고 빠르게 학습한다. 하지만 그 중에서도 두드러지는 능력이 바로 언어 습득이다. 이는 성인이 외국어를 학습하는 과정과 비교해보면 더욱 뚜렷하게 느낄 수 있다. 어린 아이는 만 1세가 되면, 벌써 하나의 단어를 사용한 문장을 구사하기 시작한다. 만 2세가 되면, 두 세 단어로 이루어진 유사 문장을 구성하기 시작하고, 만 3세가 되면 더욱 많은 어휘를 사용하여 문장을 만들 수 있다. 어린 아이가 언어를 학습하는 데는 성인의 경우와 같이 체계적 학습이 필요한 것도 아니다. 그저, 일상에서의 대화와 놀이만으로도 충분하다. 때문에, 어린 아이의 언어습득 능력을 보면 놀라운 부분이 많다.

이와 같이, 어린 아동들을 바라보는 인간의 미성숙을 새로운 차원에서 인식할 필요가 있다. 미성숙은 결핍으로서 '능력 없는 상태'라기보다 성숙의 전제로서 의존성과 가소성이라는 '능력 있는 상태'를 의미한다. 때문에 '성장의 가능성'이라는 의미에 보다 가깝다. 그렇다면 성장의 가능성이란 무엇을 의미하는가?

성장 가능성

인간이 삶이나 교육에 목적을 가지고 있다는 것은, 경험의 과정에서 그것을 달성하기 위해 몰두하며 성장에 매진하고 있음을 의미한다. 듀이는 그 목적을 성장 과정의 내부에 있다고 보았다. 따라서 목적은 인간의 행동 방향을 통제하는 수단이 된다. 삶의 목적이나 교육의 목적은 그 자체 스스로 성장하고 성숙도를 더해가며 상황적 조건을 초월해 있기 때문이다.

교육에서 또는 그 밖의 어떤 활동에 있어서든지 결과를 예견할 수 없게끔 상황적 조건이 되어 있을 때, 즉 자기가 하는 활동의 결과가 어떠하리라는 것을 내다볼 수 없게끔 상황적 조건이 되어 있을 때, 교육의 목적을 논한다는 것은 온당치 않다(DE: 11).

아동의 성장과 활동을 효과적으로 이해하기 위해, 이 지점에서 아동 교육에 막대한 사상적 영향을 끼친 프뢰벨의 사유를 살펴볼 필요가 있다. 그의 사유와 실천은 아동 교육의 어떤 측면에서 듀이를 성찰하게 만들었는가? 프뢰벨은 아동의 타고난 능력이 중요하다는 것을 인정하였다. 때문에 아이들을 사랑으로 돌보았고 아이들에 대해 진지하게 연구하도록 교육자들을 종용하였다. 이런 노력은 현대 교육이론에서 성장의 개념을 재인식하는데 중요한 역할을 하였다.

그러나 아동의 발달과 발달을 촉진하는 교육 방법에 관한 그의 생각은 기존의 잠재적 원리에 의거하여 그 요소를 완전하게 발현하는 방향으로 나아갔다. 프뢰벨은 성장과 발달의 개념을 성장과 발달 그 자체에서 찾지 못하고, 완성된 산물로서의 최종 목표에 강조점을 두었다. 그리하여 프뢰벨이 설정한 삶의 목표는 성장의 정지를 뜻하고, 이는 아동이 타고난 힘을 즉각적으로 지도하는 데 그다지 큰 영향력이 없게 되었다. 프뢰벨이 자신의 이론을 추상적이고 상징적인 공식으로밖에 설명할 수 없었던 이유도 여기에 있다.

아동의 내부에 잠재해 있는 요소의 완전한 발현! 그것은 아동이 직면한 현실을 정확하게 고려하는 사유의 실천은 아니다. 그기에 현실과 상당히 동떨어진 목표일 수 있다. 그런 사유와 실천의 모색은 '선험적 목표'이다. 직접적 경험과 지각을 초월한다. 경험과 관련해 보면, 그런 목표는 공허하다. 그것은 지적 능력을 파악하고 진술할 수 있는 구체적 내용을 드러내는 것이 아니라 막연한 정서적 포부를 나타낸다. 이 막연한 부분을 채워주는 데 모종의 선험적 공식이 사용될 수밖에 없다.

프뢰벨의 경우, 경험의 구체적 사실과 발달의 선험적 이상을 관련짓는 방법에서 전자가 후자의 상징이 된다고 보았다. 이미 알려져 있는 사실을 상징으로 인식하는 관점, 그것도 순전히 임의적인 선험적 공식에 의해 그렇게 보는 것은, 낭만적인 환상이다. 이 환상에 비추어 보아 그럴 듯하게 여겨지는 비유는 무엇이든 법칙으로 취급된다. 그런 상징주의에 의한 설명이 정착되면, 다음 과제는 어떠한 구체적 수업 기술을 고안하여, 교사가 제시하는 상징의 내적 의미가 아동에게 전달될 수 있도록 하는 작업이다. 이 경우에는 상징을 만들어낸 어른이 당연히 그 수업 기술을 고안하고 주도할 수밖에 없다. 프뢰벨은 아동의 심리에 대해 동정적으로 이해하고 있었지만, 그 이해는 그의 추상적 상징주의의 폐단에 묻혀버렸다. 그 결과, 올바른 의미에서의 발달보다 임의로 설정된 외부의 강요에 의해 통제하는 교육이 자리 잡게 되었다.

듀이의 심사숙고는 프뢰벨과 다른 방향을 고려한다. 교육은 다른 어떤 목적을 위한 수단이 아니다. 그 자체의 과정 안에 단계별로 목표들이 내재해 있고, 그러한 신념이 정착될 경우에 학습자의 지속적인 성장을 보완할 수 있다! 인간을 둘러싼 상황은 끊임없이 변화한다. 듀이는 그 변화의 속성을 매우 중시하였다. 불변하는 세계와 확고부동한 궁극적인 삶의 목적을 제시하는 것은 곤란하다. 변화를 수용하며 상대주의적 세계관을 토대로 하는 프래그머티즘의 기본 이념도 이런 사유에서 싹튼 것이다.

따라서 인간의 삶과 교육에 명시적으로 제시되는 다양한 목적들은 그 자체가 무가치하거나 나쁘기 때문이 아니라, 아동이 능동적으로 그것에 동의하지 않고 충분히 그 이유를 납득하지 못한 결과, 그 목적의식이 개인에게 충분히 내재화를 거치지 않은 상황에서 오류가 발생할 수도 있다. 삶과 교육의 목적은 경험 활동을 해나가는 가운데, 경험주체의 내부에서 나온다. 그것도 잠정적인 상황으로 설정되는 경우에 가치 있고 유의미하다.

듀이는 일관되게 외부에서 주어지는 삶과 교육의 목적에 대해 비판적인 입장을 견지한다. 그가 말한 삶과 교육의 목적으로서 성장, 그리고 성장 가능성은 아동의 내부에서만 찾을 수 있다. 이는 삶과 교육의 목적이 아동의 내부에서 도출되어야 한다는 것을 의미한다. 문제는 '내부로부터의 도출'이다. 성장 가능성이 아동의 내부에서 도출되어야 한다는 것은 무엇을 의미하는가? 아리스토텔레스가 말한 것처럼, 가능태가 아동의 내부에 존재한다는 의미인가?

플라톤이나 아리스토텔레스와 같은 고대 그리스 사유의 흐름에서 보면, 모든 자연적 과정은 그 과정의 진행에 앞서 기존에 존재하고 있는 형상에 의해 규제받는다. 플라톤에 의하면, 형상은 경험과 동떨어진 세계에 존재한다. 그것은 시공을 초월하여 영원히 불변한다. 모든 변화는 경험의 세계에서만 일어나는 것으로 간주된다. 변화는 단순한 외양의 세계에 속하는 것으로 진정한 의미의 자연을 구성하는 요소로 간주되지 않는다.

아리스토텔레스의 경우, 형상이 존재한다는 것을 인정하지만, 그러한 형상들을 위해 이 세계가 아닌 별도의 세계를 상정하지는 않는다. 변화는 형상과 마찬가지로 이 세계에 속하는 구성 요소의 하나다. 형상은 변화를 초월한 별개의 세계에 속하는 것이 아니라 변화와 긴밀한 관련을 맺는다. 형상은 자연 속에 있는, 변화의 과정 속에 내재해 있다. 변화를 인도하고 변화 속에서 실질적으로 작용하는 하나의 요소다. 하지만 이 경우에도 형상은 고정되어 있고 미리 결정되어 있다. 그것들은 모든 자연적 과정이 준수해야 할, 그리고 궁극에 가서는 성취해야 할 최종 목적으로 고양된다. 사물의 변화는 그 변화 속에 내재하여 고정된, 자연에 의해 미리 부여된 최종 목적의 달성을 목표로 한다.

듀이가 강조하는 성장은 플라톤이나 아리스토텔레스의 사유와는 전혀 다르다. 그들이 언급한 이 세상 속에서 진행되고 있는 변화가, 이미 고정된 형식으로 내재하고 있는 것의 발현은 아니다. 듀이는 개인에게 실현시켜 주기 위해 애써야 할, 고정된 목적과 같은 잠재된 것은 없다고 본다. 성장 가능성 자체가 존재의 한 범주다. 왜냐하면 한 개인이 일정한 시점에서 실현되는 그 무엇이 존재하지 않는다면, 발달이라는 것은 있을 수 없기 때문이다.

내부로부터의 발현을 주장하는 다양한 견해는 선험적으로 결정되고 확정된, 발현시켜야 할 내용이 있음을 전제로 한다. 그러나 듀이는 확정된 내용이 개인 속에 존재한다는 것을 인정하지 않는다. 어떤 내용이 있다하더라도 그것은 확정된 것도 변화 불가능한 것도 아니다. 개체 또는 개인이 지니고 있는 힘이나 능력은 잠재 가능성의 내용에 관한 것이 아니라, 주변 사물들에 대해 행동하고 상호작용하고 반응하는 경향성을 의미한다. 그 힘이나 능력은 앞에서 미성숙의 두 가지 특성 중 하나인 '가소성'이라는 말로 표현될 수 있다. 듀이에 의하면, 개인이 지니고 있는 발달의 힘조차도 내부로부터 발현된 것이 아니라, 다른 사물과의 상호작용을 통해 이끌려 나오는 것이다.

발달은 일련의 변화 과정을 통제하기 위해 와서 살아가는 삶의 목적 때문에 가능하다. 그러기에 한 사물이나 개인의 성장 가능성은 다른 사물이나 사람과의 상호작용의 결과에 비추어 규정되어야 한다. 성장 가능성은 상호작용이 일어나고 나서야 비로소 드러난다. 아직까지 상호작용을 해보지 않은 무엇인가가 있기 때문에, 그리고 그러한 무엇이 있는 한, 개인이나 사물은 그 시점에서 아직 실현되지 않은 잠재 가능성을 갖고 있다.

성장 가능성이 존재한다는 사실이 명백히 드러나고, 그 구체적 내용이 결정되고 확인되는 것은, 다름 아닌 '상호작용'에 의해서다. 한 마디로 말하면, 성장 가능성은 고정된 것도 내재하는 본질적인 것도 아니다. 그것은 한 개인이 활동하는 무한한 상호작용의 범위에 관한 문제다.

성장의 의의

어린 아동의 시기부터 현재까지 당신은 삶의 내재적 목적에 따라 진정으로 성장하고 있는가? 발달을 경험하고 있는가? 듀이는 인간 삶의 본질을 성장에 견주어 다음과 같이 강조한다.

아동도 자신의 고유한 힘[능력]을 지니고 있다. 이 사실을 외면하고 인식하지 못하면, 성장의 기반이 되는 기관을 망그러뜨리고 비뚤어지게 만들 수 있다. 성인은 그의 힘으로 환경을 변화시키고, 그렇게 함으로써 새로운 자극을 만들어, 다시 힘의 방향을 재조정하고 힘을 보다 발전시켜 나간다. 이 사실을 외면하고 인식하지 못하면, 발달의 정지와 수동적 '안주'를 초래하게 된다. 다시 말하면, 정상적인 아동이나 정상적인 성인은 모두 성장해 나가고 있다. 아동과 성인의 차이는 성장과 비성장의 차이가 아니라, 각각의 조건에 맞게 성장의 방식을 달리한다는 점에 있다(DE: 4).

듀이는 성장에는 보다 더 성장하는 것 이외에 다른 목적이 없다고 한다. 삶에도 보다 더 사는 것 이외의 다른 고려사항이 없다. 삶은 곧 성장이다. 그러므로 살아 있는 인간은 어린 아동의 시절이나 성인의 시절이나 할 것 없이 똑같이 적극적으로 살아간다. 똑같은 정도의 내재적 충만과 절대적 요구를 가지고 살아가는 것이다. 그리하여 교육은 연령에 관계없이, 성장 또는 잘 사는 것을 보장하는 조건을 마련해 주는 작업이다.

기존의 철학자나 교육학자들은 엄밀히 말하면, 아동에 대해 주도면밀한 관찰 없이, 사변이나 직관에 의해 다루었다. 그것은 아동의 삶이나 교육의 목적을 미리 만들어 놓고 아동을 그 목적에 따라 끼워 맞추는데 고심하는 결과를 낳았다. 그러나 듀이는 그에 대한 의미심장한 반론을 제기했다. 삶과 교육의 목적을 아동 자체로부터 도출했다. 그것은 삶과 교육의 목적을 인간 자체로부터 도출한다는 것과 동일한 의미다. 인간은 삶을 계속하는 한, 성장을 지속한다. 그러기에 어떤 차원에서 보면 인간은 영원한 '자기교육'자다.

인간이 그 자체로부터 삶과 교육의 목적을 도출한다는 것은, 인간의 본질적 가치를 자신의 경험 세계와 유리되어 있는 것으로부터 도출한다는 의미가 결코 아니다. 그렇게 되면, 인간은 경험 세계와 유리된 세계에 대한 사변이나 직관을 또 다시 필요하게 된다. 듀이가 강조한 삶의 목적은 현실과 동떨어진 사변이나 직관이 아니라, 누구나 눈으로 확인할 수 있고, 정상적인 의사소통을 통해 검증될 수 있는 경험적 목적을 말한다. 때문에 그에게 삶과 교육의 목적은 단순히 예견될 결과만으로 규정되었던 것이다. 듀이는 그것만으로도 삶과 교육의 의미가 충분하다고 느꼈다.

모든 인간은 성장한다. 성장과 삶은 불가분의 관계다. 그리하여 모든 인간은 타인이 아니라 자신으로부터 삶과 교육의 목적을 도출한다. 개인들이 처한 환경에서 잘 적응하고 있다면, 그것이 삶의 성장이고 교육의 목적이다.

주제 4: 교육, 역동적 삶 그 자체

교육의 의미

교육은 다양한 방식으로 의미가 규정된다. 동서고금의 철학자나 교육사상가들은 시간과 공간, 목적과 수단에 따라 교육 문제를 다루어 왔다. 현대의 교육철학자 넬러(1971: 9)는 교육철학을 사회철학이나 정치철학과 마찬가지로 일반철학의 한 분야로 인식한다. 철학을 말 그대로 '진리를 알려는 끊임없는 시도'라고 정의할 수 있다면, 교육철학은 '교육의 진리, 즉 교육이란 무엇인가에 대한 탐구'라고 정의할 수 있다. 레오 스트라우스(1997: 12)는 정치철학을 정치적인 것들의 본질, 그리고 정의, 선, 정치 질서를 포함하는 모든 것들에 대해 진정으로 알려는 시도라고 정의하였다. 이를 교육철학에 그대로 옮겨서 적용해 보면, 교육철학은 교육적인 것들의 본질과 선에 대해 진정으로 알려는 시도다. 그러므로 '교육이란 무엇인가'에 대해 답하는 작업은 교육철학의 첫째 가는 의무다.

이런 점에서 듀이는 교육에 관한 정의, 교육철학적 시선을 고려한 철학자다. 누구보다도 그는 자신의 저작에서 교육의 본질에 대해 끊임없이 묻고 있다. 이러한 물음은 단지 물음으로만 그치지 않았다. 자신의 철학적 체계에 들어맞는 하나의 이론으로 구축되었다. 그리하여 그의 '철학은 교육의 이론'이고, 그의 '교육은 철학의 실천'으로 승화된다.

듀이는 교육의 본질에 대해 전통적으로 이해되어왔던 일반적 개념에 강한 의문을 제기한다. 듀이가 볼 때, 의도적 훈육이나 학교교육은 교육의 본질적 측면에서 벗어나 있다. 교육은 본질적으로 인간이 사회에서 삶을 유지하기 위한 필연적 수단이다. 생물학적 생존 조건만 확보된다고 하여, 무턱대고 살아가는 존재가 인간인 것은 아니다. 인간에게는 사회적 삶이 매우 중요하다. 그 결론을 미리 확인하면, 인간에게서 교육은 삶과 동일한 것이 된다.

듀이는 그의 주요 저서라고 할 수 있는 『민주주의와 교육』에서 그것을 체계적으로 정리하고 있다. 교육은 네 가지 측면에서 성찰된다.

첫째, 인간에게 교육은 삶의 필연적 혹은 필수적 요소다.

둘째, 교육은 한 개인이 필연적으로 포함되어 살아가야 하는 한 사회의 기능이다.

셋째, 사회적 환경을 지도하고 통제하기 위해 교육은 핵심 역할을 한다.

넷째, 전체적으로 조망할 때, 교육은 삶 혹은 성장이다.

이런 방식으로 교육을 정의하는 원리를 이해하기 위해, 우리는 먼저 듀이의 철학적 기반인 프래그머티즘을 살펴볼 필요가 있다.

프래그머티즘

프래그머티즘(Pragmatism)은 그리스어의 프라그마(Pragma)에서 유래했다. 이 용어는 '실제' '실천' 등의 의미를 지니고 있다. 프래그머티즘이라는 용어를 만든 것은 퍼스였다. 그는 거의 암기하다시피 읽었던 칸트의 저서에서 프라그마라는 개념을 발견하고, 자신의 입장을 프래그머티즘이라 명명하였다(이유선, 2008: 7-17). 프래그머티즘은 실용주의, 혹은 도구주의라고도 한다.

퍼스는 어떤 개념의 의미를 말하기 위해서는, 우리가 그 개념을 가지고 어떤 실천을 했을 때 생길 수 있는 실제적 결과를 고려해야 한다고 생각했다. 이것을 '실용주의의 격률(pragmatic maxim)'이라 부른다. 예컨대, 병의 개념을 이해하기 위해서는 플라톤 식으로 병의 이데아에 비춰보아야 하는 것이 아니라, 병이 실제로 사용되는 용도를 알고 있어야 한다는 것이다. 이 격률은 실천적 과정을 통해 얻어진 결과를 두고 어떤 대상에 대해 이야기해야 한다는 실천적이고 경험적인 측면을 포함한다. 이는 전통적인 관념론, 형이상학, 선험론과 같은 차원의 논의를 거부한다. 이런 사상을 공통분모로 하고 있기 때문에, 프래그머티즘 철학자들은 저마다 입장이 다르긴 하지만, 몇 가지 일치되는 특징을 지닌다.

첫째, 프래그머티즘 철학자들은 다윈의 영향을 강하게 받았다. 다윈의 진화론은 플라톤 이래 거의 도전을 받아본 적이 없는 인간의 본질주의적 관점에 대해 심각한 의문을 제기했다. 인간이 신성한 존재라기보다는 지구상에 존재하는 다양한 생물종의 하나에 불과하다는 인식이 그것이다.

인간을 신에 의한 특별한 창조물로 간주하는 것이 아니라, 여타의 동물과 마찬가지로 오랜 진화의 결과 살아남게 된 하나의 생물종으로 간주한다. 이를 자연주의적 관점이라고 하는데, 인간에 대한 반본질주의적 관점이다.

진화가 우연성의 결과물이라는 점에서 인간 또한 우연의 산물이다. 우리는 신의 섭리에 따라, 혹은 보편적 원리에 근거하여 우리의 삶을 영위하는 것이 아니다. 앞으로 무슨 일이 벌어질지 모르는 불확실한 세계 속에 살고 있다. 모든 생물종의 일차적인 목표가 생존에 있듯이, 인간에게 가장 큰 문제는 어떻게 하면 그런 불확실한 세계에서 살아남느냐다. 이 작업에 작동하는 것이 인간의 지식이다. 지식은 인간이 불확실하고 우연적인 환경에 적응하기 위한 도구다. 따라서 모든 지식 탐구의 목표는 영원불변한 초역사적이며 초시간적인 진리를 발견하는 것이 아니라, 사람들에게 환경에 적응해 잘 살 수 있도록 하는 데 있다.

둘째, 역사주의(歷史主義)다. 다윈의 자연주의적 관점을 받아들이면서 프래그머티즘 철학자들은 역사주의자가 된다. 인간 자신이 역사적 진화의 산물이기 때문에 인간이 가진 모든 지식은 역사적 우연성의 결과물이라는 것을 부정할 수 없다. 인간의 지식이 역사적 우연성의 산물이라는 것은 플라톤 이래 모든 철학자들이 지식 탐구의 목표로 삼았던 영원불변의 진리, 궁극적·필연적 진리의 개념을 획득하는 것이 탐구의 일차 목표가 아님을 주장하는 것이다. 프래그머티즘 철학자에게 지식의 탐구가 중요한 이유는 그것이 인간의 삶을 개선하는 데 중요한 도구 역할을 하기 때문이다. 이른 바 '지식의 현금 가치(cash value)'가 중요한 논점으로 떠오

른다. 지식의 현금 가치는 돈벌이를 중요시한다는 개념이 아니다. 지식의 탐구가 삶을 풍요롭게 해주는 것을 기준으로 삼아, 그것에 매기는 가치를 말한다. 예컨대, 종교나 철학, 문학 또한 프래그머티즘 철학자들에게는 중요한 현금 가치를 지닌다. 그런데 인간이 삶에서 소중하게 여기는 가치는 매우 다양하며 맥락 의존적이다. 따라서 프래그머티즘 철학자들은 영원 불변하며 초역사적 진리는 존재하지 않는다고 생각한다.

셋째, 현실주의(現實主義)다. 프래그머티즘 철학자들은 천상(天上)의 진리보다 현실 세계의 삶을 중요하게 여기는 세속주의자이자 현실주의자다. 이는 철학적으로 반형이상학, 반선험론을 지향하는 태도와 관련이 있다. 여기서 세속주의를 일상의 보통 사람들이 생각하는 세속적 가치 추구로 이해되면 곤란하다. 프래그머티즘의 세속주의는 '덧없는 현실의 삶을 의미 있게 만들기 위해 노력한다'라고 하는 니체의 관점을 의미한다.

넷째, 다원주의(多元主義)을 옹호한다. 절대적 진리를 부정하며 역사주의적이고 세속주의적인 입장을 택하는 철학적 자세는 현실 문제의 해결에서 절대적으로 옳은 최상의 대안이 없음을 인정하는 것이다. 그러나 이런 입장은 상대주의와는 분명히 구분된다. 상대주의는 어느 것도 절대적 대안이 될 수 없으므로 모든 대안이 나름대로 의미가 있다는 식의 주장이다. 그러나 프래그머티즘 철학자들이 볼 때, 문제해결을 위한 대안은 분명히 보다 나은 것과 그렇지 못한 것이 있다. 따라서 프래그머티즘의 인식론적 상대주의와 맹목적 상대주의는 철저하게 구별하여 이해해야 한다.

삶의 필연성

듀이 또한 다른 프래그머티즘 철학자들과 마찬가지로 다윈의 영향을 깊게 받았다. 그것은 교육의 개념에서도 여실히 드러난다. 듀이는 "삶의 본질은 존재를 지속해 나가는 것일 뿐(DE: 1)"이라고 했다. 삶에는 어떤 초월적 목적이나 본질이 존재하지 않는다. 인간은 신의 형상도 아니고, 이데아를 닮아가려는 존재도 아니다. 듀이는 모든 생물의 일차적 목적이 생존이듯이 인간의 목적도 존재를 유지해 나가는 것으로 인식한다.

존재를 지속해 가려는 것이 삶의 본질이다! 그런데 존재를 지속해 가기 위해서는 어떻게 해야 하는가? 무생물과 달리 유기체는 자신의 존재를 존속하기 위해 끊임없는 자기 갱신(更新)을 해야 한다. 기존의 것을 고쳐 새롭게 해야 한다. 끊임없이 무규칙으로 돌아가려는 법칙, 이른 바 엔트로피의 법칙 때문에 복잡하고 규칙적인 구조를 지니고 있는 유기체는 필연적으로 소멸할 수밖에 없다(Magulis & Sagun, 1999: 35). 이에 저항하기 위해 유기체는 외부에서 끊임없이 영양분을 섭취하여 스스로를 새롭게 해야 한다. 그러므로 유기체의 삶은 환경에 작용함으로써 스스로를 갱신해 나가는 과정이다(DE: 1).

그런데 다른 생물들과는 달리, 인간의 삶은 그렇게 간단하지만은 않다. 인간 이외의 생물들은 영양과 생식으로 인한 생리적 요소를 통해 그 삶을 어느 정도 설명할 수 있다. 하지만 인간은 생리적 삶뿐만 아니라 사회적 삶 혹은 사회생활(social life)을 영위하며 살아가기 때문에 상당히 복잡한 구조를 지닌다. 인간의 삶은 생리적 의미뿐만 아니라 풍속, 제도, 신념

등 다양하면서도 독특한 영역이 함축적으로 포괄되어 있다. 따라서 생물학적 존재의 갱신과 더불어 신념, 이상, 희망, 절망, 행복, 불행 등 복합적 '활동의 재창조'가 이루어진다. 어떤 경험이든지 사회집단의 갱신을 통해 인간의 삶이 영속되어 나간다는 사실은 의심할 여지가 없다. 때문에 듀이에게서 교육은 가장 넓은 의미에서 말하면, 삶의 이러한 사회적 연속성을 유지하는 수단이다(DE: 1).

사회집단을 구성하고 있는 각각의 성원이 태어나고 죽는다는 원초적이고 불가피한 사실이 교육의 필연성을 규정한다. 모든 세대가 동시에 태어나는 것이 아니기 때문에 새로 태어난 집단 구성원과 집단의 지식, 그리고 관습을 습득하고 있는 성인들 사이에 미성숙과 성숙의 간극이 존재한다. 이러한 간극은 문명의 성장과 더불어 격차가 더욱 벌어진다. 이 간극이 채워지지 않으면 집단은 그 본래의 삶을 잃어버리게 된다. 이때 교육만이 그 간극을 메울 수 있다(DE: 1).

본래적 의미의 교육은 이처럼 사회적 삶의 존속, 혹은 문명의 전수로 이해된다. 학교교육은 매우 중요하다. 하지만 이러한 교육의 측면에서 보면, 학교는 교육의 일부분을 담당하고 있는 것에 지나지 않는다. 듀이는 교육철학자로서 교육의 본질을 진지하고 심각하게 묻는다. 그 물음은 교육의 정의와 교육적 선(善), 참됨을 도출하려는 시도로 이어지고, 올바른 맥락에서 학교교육을 파악하고 자리매김하는 계기가 된다. 그것은 듀이가 『민주주의와 교육』의 부제를 '교육철학개론(An introduction to the philosophy of education)'으로 고심한 데서도 발견할 수 있다.

듀이는 말한다. 교육은 사회적 삶을 살아가게 만드는 것에 다름 아니다. 사회는 공동체(community)를 의미한다. 이는 어떤 것을 공동으로(in common) 소유하고 있다는 뜻이다. 단순하게 같은 지역에 살고 있다고 하여 공동체라고 부르지는 않는다. 특별한 의미 없이 목적을 공유한다고 해서 공동체라고 할 수도 없다. 왜냐하면 기계도 공동의 목적을 가지고 작업을 수행하지만 그것을 공동체라 부르지는 않기 때문이다. 공동체를 이루기 위해서는 의사소통(communication)을 포함해야 한다. 이 의사소통을 통해 사회 구성원들은 다른 부분에 대해 알아야만 하며, 또 어떤 방법으로든 자신의 목적이나 자신의 일을 남에게 알릴 수 있어야만 한다. 의견의 일치는 의사소통을 필수 요소로 포함하기 때문이다.

듀이가 의사소통을 중요하게 여기는 것은 프래그머티즘의 맥락에서 보면 다원주의(多元主義 pluralism)를 중시하는 것으로 해석할 수 있다. 다원주의는 개인의 고유 가치를 인정해 주는 것을 의미한다. 그렇다고 맹목적 상대주의를 의미하는 것은 절대 아니다. '옳은 것은 아무것도 없다'라고 보는 이런 상대주의는 필연적으로 회의주의에 빠져 들게 된다. 프래그머티즘 철학자들이 다원주의를 중시하는 이유는 보다 나은 실천적 대안을 마련하기 위해 각자의 가치를 인정해 주고 이를 대화의 장으로 끌어올리려는 목적의식의 발현 때문이다. 본질적 진리를 거부하는 프래그머티즘 철학자들에게 다원주의는 의사소통을 통한 대안적 진리를 마련해 나가는데 필수 불가결한 전제인 것이다.

의사소통은 목적과 관심(interest)의 공유를 의미한다. 그러므로 진정한 의미에서 사회적 삶은 의사소통과 동일하다. 동시에 의사소통, 진정한 사회적 삶은 교육적이다. 사회적 삶은 그것의 영속을 위해 교육을 필요로

할 뿐만 아니라, 살아가는 과정 자체가 교육을 실천하는 작업이다(DE: 1).

사회적 기능

앞에서 언급한 것처럼, 사회적 삶은 지속적인 자기 갱신을 통해 스스로
를 유지해 나간다. 개인은 미성숙한 집단의 구성원 교육을 통해 스스로
자신을 일으켜 세우기도 한다. 그렇다면 어떠한 '방법'으로 미성숙자가
성숙한 사회 구성원이 될 수 있는지의 문제가 자연스럽게 제기된다. 교육
의 사회적 기능에 대한 의문이 생기는 것이다.

교육은 경험의 질을 변형시켜 사회 집단의 관심과 목적과 이념에 합치되게 하
는 작업이다. 그만큼 신체적 형성의 문제에만 집중하는 것이 아닌 것만은 분명
하다. 그런데 신념이나 열망은 물리적으로 주입할 수 없다. 이는 일반적으로 특
정한 반응을 요구하는 환경의 매개를 통해 일어난다. 개인을 둘러싸고 있는 특
정한 분위기가 그에게 특정한 것을 보고 느끼게 하며, 다른 사람과 더불어 원만
하게 일하기 위해 특정한 계획을 세우게 하며, 다른 사람의 승인을 얻을 수 있
도록 어떤 신념은 강하게 하고 또 어떤 신념은 약하게도 한다. 이를 통해 그 매
체에 속해 있는 인간은 점차로 그 안에서 모종의 행동 체계와 행동 경향을 파악
한다. 여기서 환경은 간단히 말해 '특징적' 활동을 조장하거나 저해하는, 또는
자극하거나 억제하는 조건들로 구성된다. 인간의 삶은 단순한 수동적 생존이
아니라 활동의 방식을 뜻하며, 환경 혹은 분위기는 이 활동을 유지시키거나 혹

은 좌절시키는 조건을 의미한다. 인간에게 특징적 환경은 바로 사회적 환경이다. 다른 사람과 어울려 활동하는 존재는 사회적 환경을 가지고 있다. 다른 사람과 연결되어 있는 인간은 자신의 활동을 하는 데 다른 사람의 활동을 고려하지 않을 수 없다. 왜냐하면 그 다른 사람은 그의 행동 경향을 실현하는 데 필수불가결한 조건이 되기 때문이다(DE: 2).

인간의 삶은 단순하게 수동적으로 생존하는 것이 아니라 사회적 환경의 조건에서 활동한다. 그것은 프래그머티즘의 특징 중 하나인 역사주의의 전제가 되는 말이다. 듀이에게 추상적 개인은 단지 상상으로 구성한 것에 불과하다. 모든 인간은 사회적 환경을 떠나서 생각할 수 없다. 인간의 가치는 사회 속에서 형성된다. 그런데 사회는 역사에 따라 변화하기 마련이다. 인간의 가치도 역사에 따라 변한다. 그러기에 보편타당한 가치라는 것은 존재하지 않는다. 중요한 것은 현재의 삶에 무엇이 유용한 가치인가를 탐구하는 작업이다. 때문에 사회적 기능으로서 교육은 유용한 가치를 선별하여 구성원들에게 전달해 주는 기능을 의미한다.

인간은 사회적 조건 속에서 살아가고, 그 활동도 이러한 조건 속에서 수정된다. 그렇다고 외부 행동이 단순하게 바뀌는 것을 사회적 기능의 전부 혹은 교육의 전부라고 말할 수는 없다. 사회적 가치의 전수를 위해서는 외부 행동의 변화뿐만 아니라, 그 가치에 대한 동의나 공감을 불러일으킬 수 있도록 정신적 성향이 바뀌어야만 한다. 사회적 환경으로 인해 단순히 외부 행동의 변화가 일어나는 것을 듀이는 '훈련'이라고 정의한다. 이때 훈련은 정신적·정서적 변화를 수반하는 '교육'과는 구분된다. 교육은 공동의 목적과 관심을 미성숙자가 지적으로 인식하였을 때, 비로소 발생한다.

　대부분의 경우, 미성숙한 인간의 활동은 오직 유용한 습관을 가지도록 하는 목적으로 조정된다. 그는 인간으로 교육받기보다는 동물처럼 훈련된다. 그가 느끼는 충동은 원래의 쾌락과 고통의 대상으로 남아 있다. 그러나 행복을 얻기 위해, 또는 고통을 피하기 위해 그는 다른 이에게 승인된 방식으로 행동해야 한다. 이와 달리 미성숙한 인간이 공동의 활동에 진정으로 공유하고 참여하는 경우, 그의 본래 충동 자체가 수정된다. 그는 단지 다른 사람의 행동에 동의하는 방식으로 행위를 하는 것이 아니라, 그렇게 행위를 하여 다른 사람을 움직이는 것과 동일한 관념과 감정을 지니게 된다. 이것이 훈련과 교육의 본질적 차이다. 교육은 개인을 단체 활동의 참여자로 만들어, 그에게 단체의 성공을 자기의 성공으로, 단체의 실패를 자기 자신의 실패로 느끼도록 하는 작업에 의해 완성된다(DE: 2).

　사회적 환경은 특정한 충동을 일으키고 강화하며, 특정한 목적을 가지고 특정한 결과를 낳는 활동에 개인을 집중시킴으로써, 정신적이고 지적인 성향을 형성한다. 개인이 관련을 맺고 있는 다른 사람의 삶에 어떤 방식으로건 참여하지 않는다는 것은 불가능하다. 그들과 관련을 맺으면서, 사회적 환경은 무의식적으로 또 특별한 목적을 떠나서 교육적 영향력을 형성한다(DE: 1). 그러므로 사회적 환경에 의해 인간은 교육되고, 나아가 사회적 삶 자체가 교육이 된다.

　의식적이고 의도적인 교육이 할 수 있는 일은 기껏해야 그렇게 형성된 능력을 자유롭게 신장시켜 보다 충분히 발휘될 수 있도록 하는 것, 몇 군데 조잡한 부분을 잘 가다듬는 것, 그리고 그 능력을 행사함으로써 보다 큰 의미가 창출될 수 있도록 적절한 대상을 제공하는 것뿐이다. 그러므로 성인이 미성숙한 사람들의 교육을 통제하는 유일한 방법은 그들의 행동과 사고와 감정이 일어나는 장으로서의 환경을 통제하는 데 있다(DE: 2). 누차 강조하지만, 교육의 본질은 사회적 삶이다. 의식적이고 의도적인 교육에 몰두하는 학교교육은 이러한 교육의 본질을 잊어서는 안 된다. 그러므로 의도적인 교육에서도 가장 큰 관심사는 학생의 사회적 삶을 어떻게 구성해 나갈 것인가에 초점이 맞춰져야 한다.

우리는 결코 학생을 앞에 두고 직접적으로 교육하는 것이 아니다. 환경을 통해 간접적으로 교육한다. 그러므로 교육을 우연적 환경에 맡겨 버리는 것과 그렇지 않고 목적에 맞는 환경을 의도적으로 꾸미는 것 사이에는 매우 중요한 차이가 있다.

지도

교육은 사회적 삶이기에 그만큼 사회적 기능을 가진다. 그런데 이런 교육은 일반적으로 한 가지 특별한 형식의 기능을 취한다. 일반적으로 '지도(指導)'라고 불리는 양식이 그것이다.

지도는 교육받는 사람의 능동적 경향이 아무 목적 없이 산만해지는 것이 아니라, 연속적 진로를 따라 이끌어진다는 뜻이다. 교육에서 지도는 기본적 기능이며, 그것이 어떻게 발휘되느냐에 따라, 한쪽 극단에서는 안내와 조력으로 나타나고, 다른 한쪽 극단에서는 규제와 지배로 나타난다(DE: 3).

개인은 때로는 제멋대로 하고 싶은 충동을 지닌다. 동시에 다른 사람의 협동적 활동에 참여하는 것에도 관심을 가진다. 미성숙한 인간의 경우, 자극으로 인해 언제나 필요 이상으로 많은 에너지를 유발한다. 그것은 특정한 목적 없이 산만하게 발생한다. 때문에 지도는 한편으로는 미성숙한 자의 산만한 에너지를 '초점'이나 '지도 축', 혹은 목적에 알맞게 고정시키는 역할을 한다. 다른 한편으로는 하나하나의 행위가 연속적 순서에 따라 질서 있게 진행되도록 한다. 특히, 후자는 인간의 활동과 연관된다. 어떤 활동이건, 어느 정도, 사람이 협동하려는 의지가 개입되지 않으면, 그것은 발생하지 않는다. 하지만 사람이 하는 반응 중에 행위의 순서와 연속성에 잘 맞아 들어가지 않는 것이 있다. 즉 각각의 행위가 하나의 목적에 맞게 순차적으로 진행되는 것이 아니라 산발적으로 진행되는 경우가 있는 것이다. 그러므로 적절한 지도는 필수적이다. 이런 점에서 지도의 필요성은 아래와 같이 정돈된다.

특정한 시점에서 지도는, 자극에 의해 유발되는 모든 반응 경향 중에서, 바로 지금 발생한 문제의 초점에 에너지를 집중시킬 수 있는 것만을 선택하는 데 필요하다. 연속적 계열에서 생각해 보면, 지도는 하나의 행위가 그 전후의 행위와 균형을 이루어 활동이 순서를 갖추게 되는 데 필요하다(DE: 3).

이런 점에서 지도는 능동적이며 수동적인 성격을 모두 지니고 있다. 순전히 외부에서 일방적으로 진행되는 지도는 존재할 수 없다. 환경은 기껏해야 반응을 유발하는 자극제 역할을 할 수밖에 없다. 반응은 개인이 이미 지니고 있는 경향성에서 나온다. 정확하게 말하면, 모든 지도는 다시 지도하는 '재지도'에 지나지 않는다. 지도는 이미 진행하고 있는 활동을 다른 쪽으로 방향을 바꾸는 작업이다. 그러므로 어떤 활동 에너지가 이미 작용하고 있다는 것을 염두에 두지 않을 경우, 지도를 위한 노력은 헛될 것이 뻔하다. 성인들은 그럴 필요가 있으면 언제든지 다른 사람의 행위를 지도할 생각을 한다. 그러나 보다 항구적인 영향을 주는 지도 방식은 그와 같이 의도적으로 하는 통제가 아니다. 순간순간 끊임없이 진행되는 눈에 띄지 않게 하는 지도다.

사회적인 지도에는 일정한 방식이 필요하다. 일반적으로, 의도적이고 의식적인 지도는 본능이나 충동에서 나오는 행동, 그리하여 행동을 하는 사람이 그 결과를 예견할 도리가 없는 경우에 국한되어 실행되어야 한다. 자기가 행한 행동이 몰고 올 결과를 예견할 수 없을 때, 보다 경험이 많은 사람이 그 행동의 결과를 말해 주어도 알아듣지 못할 때, 자신의 행동을 지적으로 이끌어 가는 일은 불가능하다. 이러한 경우에는 직접적인 지도가 필요하다. 그러나 보다 중요하고 항구적인 통제 방식은 미성숙한 인간이 그들과 관련 맺고 있는 사람들이 사물을 사용하는 방식이나 목적을 달성하기 위해 수단을 활용하는 방식을 보고 거기서 배우는 것을 말한다. 개인이 사회적 매체 속에서 삶을 영위하고 활동한다는 사실 자체가 그의 활동을 효과적으로 지도하는 역할을 한다. 이는 사물에 대해 다른 사람들과 동일한 관념을 가진다는 것, 다른 사람들과 '같은 마음'이 된다는 것, 그리하여 사회 집단의 진정한 성원이 된다는 것을 의미한다. 그 사회에 맞추어 정신적·정서적 성향을 변화시키는 것이다. 이런 교육적 작업이 없다면 공동의 이해나 삶은 불가능하다. 공동의 활동에서 개인은 다른 사람들이 하는 일에 비추어 자신의 일을 보며, 또 자신이 하는 일에 비추어 다른 사람들의 일을 살핀다. 그것은 개인의 활동이 동일한 전체 테두리 속에 놓여 있음을 말한다(DE: 3).

누적적 변화

아동의 활동을 지도할 때, 사회는 아동의 장래를 결정하면서 사회 전체의 장래를 결정한다. 한 시기의 아동들이 성인이 되었을 때 그들의 사회를 구성할 것이기 때문에, 그 사회의 양상은 주로 이전 아동들의 활동이 어떤 방향으로 지도되었는지에 따라 다르다. 이와 같이 행위가 그 이후의 결과로 축적되어 나가는 과정이 앞에서 언급했던 성장이다. 성장이란 나중에 나타나는 결과를 향해 진행하는 행동의 누적적 변화다.

그런데 성장을 위해서는 당연히 성장하지 않은 상태인 미성숙이 존재해야 한다. 이 미성숙이 성장의 조건이다. 미성숙은 앞에서도 언급한 것처럼, 단순한 미비나 결여가 아니다. 무엇인가 적극적인 양상을 지닌 것으로, 가능능력(capacity)이나 잠재능력(potentiality)을 뜻한다. 그래서 미성숙은 성장의 가능성을 의미하며, 나중에 생기게 될 힘이 결여되어 있음을 가리키는 것이 아니라 현재 적극적으로 존재하는 힘을 표현하고 있다 (DE: 4). 이처럼 미성숙을 적극적으로 해석했을 때, 미성숙은 '의존성'과 '가소성'을 주요한 특징으로 간직한다. 의존성과 가소성은 앞에서 자세하게 설명했다. 하지만 듀이의 교육철학에서 너무나 중요한 내용이기에 다시 간략하게 정돈한다.

의존성은 사회적 능력을 말한다. 아동들은 물질적 세계에 관해 무력하다. 그들은 태어난 순간이나 그 후에도 오랫동안 물질적으로 스스로 해결하는 힘, 생계를 처리할 능력이 없다. 철저하게 무력하다는 것은, 역설적으로 무엇인가 이를 대체할 힘이 존재함을 암시한다. 아이들이 물리적 힘이 없다는 것은, 거꾸로 이야기 하면, 사회적 힘을 타고 났다는 것을 의미하기도 한다. 예컨대, 아이들은 태어나면서 놀라울 정도로 타인에게 기대거나 돕는 마음씨를 지니고 있고, 그것을 얻는 힘도 지니고 있다(DE: 4). 사회적 관점에서 보면, 이러한 의존성은 연약함보다 오히려 능력을 의미하는 것으로서 상호의존을 수반한다. 또 다른 특징인 가소성은 이전에 경험한 결과를 바탕으로 행동을 수정하고 성향을 발달시키는 힘을 뜻한다. 가소성은 유연한 융통성에 가까운 능력이다. 이러한 능력은 어떤 경험으로부터 그 이후 정황의 여러 곤란성에 대처하는 데 효과적이다. 그런 점에서 본질적으로는 경험에서 배우는 능력이다(DE: 4). 일종의 '배우는 방법'을 배우는 힘이다. 의존성과 가소성은 인간의 삶에서 매우 중요하다. 왜냐하면 이를 통해 지속적으로 변화하는 사회에 적응하는 힘을 얻을 수 있기때문이다. 사회가 진보할수록 아동기가 연장된다는 것을 봐도 의존성과 가소성이 변화된 사회에 적용하는 데 얼마나 중요한 역할을 하는지 알 수 있다.

가소성이 행동을 수정하여 성향을 얻는 힘을 의미한다면, 이는 곧 습관을 획득하는 능력이라고 할 수 있다. 교육적 의미에서의 습관은 획득된 행동의 경향이다. 뿐만 아니라 환경에 능동적으로 적응해 나가는 힘이다. 이러한 습관의 의의는 그 실행과 운동의 측면에 그치지 않고 지적·정서적 성향의 형성을 뜻하기도 한다. 듀이에게 교육은 언제나 정신적 성향의 변화를 의미한다. 따라서 습관이 교육된 결과로서 의미를 지니기 위해서는 지적 측면이 중요하게 다루어져야만 한다. 지적 측면은 그 습관과 여러 가지 탄력적인 사용법과의 관계를 결정한다. 또 그것으로 인한 연속적 성장과의 관련도 결정하기 때문에 습관을 고찰하는 데 핵심으로 작용한다(DE: 4).

성장의 의미를 탐색해가다 보면, 듀이의 결론은 간단하다. 다시 반복적으로 강조되지만, 삶은 발달이요, 발달 또는 성장은 삶이다! 듀이는 교육의 본래 의미가 사회적 삶이라고 강조했다. 삶은 자신의 존재를 지속시키는 데 그 목적을 둔다. 삶의 목적은 삶 그 자체일 뿐이다. 그 삶의 특징이 성장이다. 이 성장은 교육과 완전히 동일한 것이 된다(DE: 4). 삶이나 교육은 모두 본질적이고 초월적 목적을 지니고 있는 것이 아니다. 삶은 끊임없는 성장의 과정일 뿐이고, 교육 또한 이와 동일하다. 따라서 삶은 삶 이외의 다른 목적을 가질 수 없다. 교육도 마찬가지다.

주제 5: 학습, 경험의 지속적 성장

학습의 철학성

교육에서 학습에 관한 정의는 매우 다양하다. 학습은 무엇보다도 방법론적으로 많이 쓰이는 말이어서 그런지, 교육의 방법을 구안하는 차원에서 수많은 아이디어가 제시되기도 한다. 먼저, 〈교육학사전〉에서 일반적으로 정의하는 학습의 의미를 간략히 정돈해 보면서 듀이가 구상했던 학습의 맥락을 짚어 보자.

학습은 연습이나 경험의 결과 일어나는 행동의 지속적인 변화를 말한다. 학습은 행동의 변화이며, 이러한 변화는 연습이나 훈련, 또는 경험에 의한 변화로 성숙에 의한 변화 학습으로 간주되지 않는다. 아울러 이러한 변화는 비교적 영속적이어야 하기 때문에 동기·피로·감각적 순응 또는 유기체의 감수성 변화 등은 제외된다. 순수 심리학적 견해는 진보적 또는 퇴보적 행동의 변화를 모두 학습으로 간주한다. 하지만, 교육적 견해는 바람직한 진보적 행동의 변화만을 학습으로 간주한다. 학습은 유기체 내에서 일어나는 내재적 변화 과정으로 직접적으로 관찰 가능한 것이 아니고 수행(performance)으로 표현될 따름이다. 따라서 학습은 수행과 그 선행 조건을 통해 추리할 따름이다. 한편, 이와 같은 학습의 형식적 개념 규정과는 달리 실질적 측면에서 학습 또는 행동 변화의 내용이 무엇인가에 대한 견해는 실제로 매우 다양하다. 학습의 내용을 조건 형성 또는 자극과 반응의 결합으로 보느냐, 또는 인지 구조상의 변화로 보느냐, 또는 신경 생리학적 변화로 보느냐에 따라 학습 이론은 각기 입장을 달리하고 있다 (신창호, 2012).

일반적으로 거론되는 학습은 다분히 수행의 결과론적 측면에서 논의된다. 그것은 가시적으로 학습이 일어났는지의 여부를 판단할 수 있는 것으로 이해하기 쉽다. 하지만 고대 그리스 사회의 인식으로 거슬러 올라가면, 학습의 성격은 상당히 다른 차원으로 드러난다. 플라톤이 언급한 학습의 기능에 대해 듀이가 탐구한 내용은 다음과 같은 것이다. '사물의 이미지나 태어나서 죽어가는 저급한 실재로 가득 찬 상태로부터 영혼의 눈을 돌려, 천상에 있는 영원한 존재를 직관하는 것! 이리하여 인식자의 정신이 변하게 하는 작업!' 정신은 그 자신이 파악하는 것에 동화되며, 이런 과정을 거치면서 학습을 통해 진리를 인식한다. 듀이가 이해한 플라톤의 학습은 '영원히 변하지 않는 이데아(idea)를 인식하는 일이며 그것이 바로 선(good)이다.' 즉 어떠한 진리를 인식하는 것을 학습이라고 본다.

듀이는 전통적인 학습의 개념과 작용을 이해하기 위해, 플라톤 이후 근대 철학을 대표하는 베이컨이 학습을 어떻게 이해했는지에 대해서도 고찰했다. 베이컨이 보기에 과거의 논리학은 기껏해야 이미 알고 있는 내용을 가르치는 것이었다. 여기서 가르친다는 것은 교화와 훈련을 의미한다.

'인간은 이미 알고 있는 것만을 배울 수 있으며, 지식의 성장이란 이전에는 따로따로 생각되던 이성의 보편적 진리와 감각의 개별적 진리를 하나로 결합시키는 작업에 불가하다'는 것이 아리스토텔레스의 공리였다. 모든 학습은 지식의 성장을 의미하는데, 성장은 생성 및 변화의 영역에 속한다. 따라서 그것은, 이미 알고 있는 내용을 삼단논법의 형식으로 자기 전개하는 조작, 즉 논증에 의한 지식 획득보다 뒤처지는 것으로 간주되었다(RP: 2).

베이컨은 아리스토텔레스와 달리 당시에 교화와 훈련을 주로 내세웠던 교육 방식에 앞서 '지식의 성장'에 대해 말하였다. 듀이는 베이컨이 강조하는 참된 지식의 목적이나 진보의 관념이 옳다고 판단하며 지지를 표명한다. 과거의 사실 및 진리의 논증에 대한 추론보다는 새로운 사실이나 진리에 도달해야 한다는 주장이다.

미성숙한 동물이 학습을 통해 성장하기 위한 특수한 순응성이, 앞에서 강조했던 가소성이 된다. 가소성은 외부로부터의 압력에 따라 서로 다른 형태를 취하는 능력은 결코 아니다. 그것은 어떤 사람들이 자신의 성향을 유지하면서 주위와 동조할 때 보이는 것과 같은 유연한 융통성에 가깝다. 그러나 가소성은 이보다 한층 깊은 뜻이 있다. 본질적으로는 경험에서 배우는 능력, 즉 어떤 경험으로부터 그 이후에 발생하는 여러 가지 곤란한 정황을 마주하면서 그것을 대처하는 데 효과적인 그 무엇을 얻어 삶을 유지하는 힘이다. 이는 이전 경험의 결과를 바탕으로 행동을 수정하는 능력,

인간의 성향을 발달시키는 힘을 의미한다. 그것이 없으면 습관의 획득은 불가능하다. 고등 동물의 새끼나 어린 아이는 자기가 지닌 본능적 반응을 어떻게 이용해야 하는지, 그것의 학습에 대해 인지하고 있다. 듀이는 다른 동물과 달리 인간은 살아가는 방법을 학습해야 살아갈 수 있고, 학습하지 않고는 성장할 수 없다고 한다. 인간은 여러 측면에서 다른 동물에 비해 약한 존재다. 하지만 인간에게는 학습하는 능력이 있기 때문에 만물의 영장이 될 수 있다. 인간은 '배우는 습관'을 획득할 수 있기 때문이다(DE: 4). 듀이에게 학습은 인류의 생존을 위해 선택이 아닌 필수다.

학습은 인류가 살아가기 위해 반드시 실천해야 하는 활동이다. 이것이 어떻게 이루어지느냐에 따라 인류의 질적 발전이 좌우된다. 그 학습 능력의 발전에 교육이 적극적으로 개입한다. 학습을 통해 인간은 사회의 생명을 지속한다. 사회의 생명을 지속하기 위해서는 가르치고 배우는 작업을 필요로 한다. 가르치고 배우는 교육 자체는 함께 살아간다는 과정으로 환원한다. 삶의 과정에서 경험은 확대되고 계발되어 상상력을 자극하며 풍부함을 더해나간다.

경험은 학습을 통해 풍부해진다. 이때의 경험은 일상에서의 문제를 해결하는 학습으로 경험을 쌓으면서 재구성한다. 문제해결학습은 일상생활에서 문제가 발생하였을 때, 반성적 사고를 이용하여 현실 세계의 문제를 해결하는 작업이다. 듀이는 무엇보다도 이를 강조한다. 문제해결학습에서는 '교육 활동의 기초가 아동의 관심에 바탕을 두어야 한다'라고, '아동이 생활에서 직면하는 문제를 해결하는 과정이 학습이 되어야 한다'라고. 이처럼 아동이 문제를 해결하는 과정이 다름 아닌 '성장'이다. 이 성장이 또 다른 성장을 유도하며 경험을 통한 계속적 성장을 해나간다.

학습의 성격

학습은 인간의 성장을 위해 필수적인 작업이다. 인간은 탄생과 더불어 '학습'을 진행해 왔다. 듀이도 학습의 중요성을 심각하게 인식했다. 그것은 다음과 같은 성격을 지닌 것으로 이해된다.

첫째, 학습은 타고난 능력이 아니라 후천적으로 습득하는 것이다. 이러한 듀이의 견해를 뒷받침하기 위해 루소를 언급할 필요가 있다. 루소는 인간이 타고난 여러 능력은 조물주로부터 직접 생기는 것이므로 완전히 선한 것으로 인식한다. '조물주는 전원을 만들고 사람은 도시를 만든다'라는 옛날부터 전해오는 속담을 원용하면, '조물주는 인간이 지닌 기관이나 능력을 만들고 인간은 이들을 어떻게 이용할 것인지 그 방법을 생각한다.' 때문에 전자의 발달은 후자가 따라야 하는 규범을 부여한다. 인간이 본래부터 타고난 것을 이용하는 방법을 결정하는 순간 조물주의 계획에 저촉된다(DE: 9).

루소는 '학습'이라는 말을 직접적으로 언급하지 않았다. 하지만 교육에 관한 그의 견해가 '조물주가 준 능력을 최대한 발견하는 것'이라고 할 때, 학습은 인간이 지니고 있는 본성을 발휘할 수 있도록 자연 속에 두는 것을 의미한다. 이런 점을 유추해가면 교사는 학생이 지니고 있는 본성을 일깨워주는 존재다. 교사는 정원사와 같은 역할을 하면서, 원래 장미라

는 꽃이 될 운명을 타고난 장미의 씨앗에 물을 주고 사랑을 주는 사람이
다. 그러나 듀이는 루소의 생각과 달리 '학습'을 통해 인간이 발전한다고
보았다. 듀이는 문명이 진보한 사회에서 인류가 축적해 놓은 지적 자산이
이전에 비해 커졌기 때문에 그 틈을 매우기 위해 '학습'이 필요하다고 인
식한다. 그 학습을 효과적으로 하게 만드는 곳이 다름 아닌 학교다.

둘째, 학습에는 사고가 수반되어야 한다. 학습은 맹목적으로 주입되거
나 훈련되는 것이 아니다. 거기에는 반드시 지적 대상에 관한 사고가 수
반되어야 한다. 사고는 지적인 학습방법 그 자체이며, 정신을 써야 하는,
또한 정신을 위한 학습 방법이다(DE: 12). 이러한 사고의 작용은 학습이 주
입이나 훈련이 되지 않도록 해준다. 사고를 통한 지각이 이루어지지 않으
면 경험은 이루어질 수 없다. 경험은 학습에서 기호와 상징으로 풀이된다.
이런 점에서 학습은 사고를 수반할 수밖에 없다. 사고 활동이 제대로 이
루어지면 학습은 저절로 진행된다.

전통적 교육에서는 교과목을 통해 일정량의 내용을 학습한다. 교과목
은 학문의 독립된 부문을 의미하고, 각기 그 자체의 내부에서 완전한 배
열 원리를 지니고 있다. 예컨대, 역사나 수학, 지리 교과는 저마다 그 교과
에 해당하는 사실들을 정돈해 놓았다. 그렇게 교과목이 모여 학과목 전체
를 구성한다. 이들은 이미 독립적으로 존재해 왔기 때문에 인간의 정신은
그것을 습득하도록 주어져 있다. 이런 생각은 인간이 진행해온 인습적 교
육에 대응하고 있다(DE: 10). 사고를 불러일으키면 그것이 할 일은 사고할
수 있다. 의도적으로 여러 가지 관련되는 것들에 주목하기를 요구할 수
있는 것이다. 때문에 학습은 사고와 더불어 할 때, 저절로 생길 수밖에 없

다(DE: 12).

셋째, 학습은 훈련과 구분된다. 훈련과 관련하여 언급할 때, 듀이는 로크의 '형식도야설(形式陶冶說, formal discipline theory)'을 빌려 교육에 대한 '훈련'을 비판한다. 단조롭고 획일적인 연습을 되풀이하면 한 가지 특수한 행동 기술은 크게 향상된다. 하지만 그런 기술은 특수한 행동에만 국한되며, 특수한 분야의 훈련이 다른 분야의 문제를 다루는 데 크게 관련되지 않기 때문에 제대로 된 학습이 될 수 없다. 인간이 원래 지니고 있는 충동적 활동을 훈련하는 것은 연습으로 세련시키고 완성시키는 과정이 아니다. 오히려 자극을 활용하는데 특별히 부합되는 것을 선택하는 과정이다. 듀이는 다른 동물과 인간을 비교하면서, 훈련의 의미를 부각시킨다. 인간의 행동도 다른 동물과 동일한 방법으로 변화한다. 화상을 입은 아이는 불을 무서워한다. 아이가 어떤 장난감을 만졌을 때 항상 불에 닿아 피부가 데도록 조건을 만들어 보라. 그러면 아이는 불에 닿는 것을 피하는 것과 마찬가지로 자연스럽게 그 장난감을 피하게 된다. 그것이 학습이다 (DE: 2).

듀이는 목적 없는 교육도 훈련과 비슷하다고 주장한다. 맹목적인 반응에서는 지도 또한 맹목적이다. 거기에 훈련은 있을지 모른다. 하지만 그 어떤 교육도 없다. 되풀이해서 나타나는 것에 대한 되풀이되는 반응은 일정한 방식으로 행동하게 만드는 습관을 낳는다. 인간에게는 자신도 그 뜻을 전혀 알아차리지 못하는 습관이 많다. 이는 자신이 스스로 무엇을 하고 있는지 전혀 모르는 동안 습관이 형성되었기 때문이다. 그 결과, 인간은 이런 습관이 있어 자율적으로 살아가기보다는 오히려 그것에 지배된다. 습관이 인간을 몰아 세워 통제한다. 습관이 수행하는 것이 무엇인가를 알고 그 결과를 판정하지 못하면, 우리는 습관을 통제하지 못한다. 습관을 통제하지 못하고 지배당하는 것은 뒤에서 어린 아이의 목덜미를 잡고 고개를 숙이게 하고는, 어린 아이가 만나는 사람마다 인사를 하게 만드는 것과 같다. 이는 어린 아이가 어떤 목적을 향하여, 어떤 의미를 담아 인사를 하게 될 때까지, 인사나 경의를 나타내는 동작은 아니다. 또 어린 아이가 스스로 무엇을 하는지 알고, 그 의미 때문에 그 행위를 하게 될 때까지 아이는 일정한 방식으로 행위를 하도록 '훈련'이나 교육을 받는다고 말할 수 없다.

학습을 통해 어떤 물건의 개념을 갖는다고 하는 것은, 단지 그 물건으로부터 일정한 감각을 얻는 것에 머무르지 않는다. 행동의 전체 구조 안에서 그 물건이 차지하는 위치를 고려하여, 그 물건에 대해 반응하는 것을 의미한다. 그 물건이 우리에게 미치는 작용과 우리가 그 물건에 미치는 작용과의 진행 상태나 일어날 것 같은 결과를 예지하는 것이다(DE: 3). 이런 점에서 듀이의 학습은 후천적이고, 사고를 수반하며, 지도나 훈련과 구분되는 정신적 활동이다.

전통적 학습의 비판

전통적 지식이나 문화유산은 삶의 수단으로서 중요한 역할을 한다. 그러나 과거에 이룩된 지식이나 문화유산의 습득을 학습의 절대적 내용이나 목적으로 삼아야 하는 것은 결코 아니다. 이런 경우, 교육적으로 검토해야 할 중요한 문제가 제기된다. 아동들이 과거의 지식과 문화를 어떤 방식으로 학습해야, 그러한 학습이 현재의 삶을 이해하는 강력한 수단이 될 수 있을까(EE: 1)?

전통교육에서 학습은 비교육적 경험들로 가득 차 있다. 전통교육에서 학교는 교과를 배우는 곳이지 경험을 배우는 장소가 아니었다고 인식한다면 그것은 아주 잘못된 생각이다. 듀이의 사고가 교육은 경험에 의한 학습을 기본으로 하고 있으며 전통교육과 반대되는 입장을 취하고 있다고 주장할 때, 듀이를 옹호하는 사람들은 이런 생각을 당연한 것으로 받아들이는 것처럼 보인다. 듀이의 교육적 사고를 옹호하는 사람들의 전통교육에 대한 비판은 교육이 학습자의 경험을 다루었느냐의 여부가 아니다. 교사와 학생이 행한 경험이 전반적으로 '비교육적 경험'이었다는 점을 지적하는 작업이다.

전통교육의 비교육적 학습 경험은 한두 가지가 아니다. 많은 학생들이 수업 시간에 배운 학습 내용에 무감각하고 냉담하게 되었다. 학습을 그저 기계적 암기나 반복 훈련으로만 생각하고, 많은 학생들이 단순한 기술이나 기능을 습득하는 데 그쳤다. 이는 새로운 상황에서 현명하게 판단하고 행동할 수 있는 능력을 신장시키지 못하는 불행한 결과를 낳았다. 학생에게 학습은 지루하고 지겨운 것이 되었고, 학교에서 배운 것은 학교 밖의 삶과 아무런 관련이 없으며, 학교 밖에서 이루어지는 삶의 사태에 아무런 도움이 되지 못한다고 생각하게 만들었다. 많은 학생들이 좌절에 좌절을 거듭하였다. 학습이라는 것은 그저 힘들고 지루하며 아무 짝에도 쓸모없는 것이다. 책이라면 어렵고 딱딱하며 지겨울 것이라고 생각하고, 시험이나 과제로 주어진 경우가 아니라면 책을 읽지 않게 되었다. 그 결과 위대한 생각을 담고 있는 책은 어렵고 지겨워서 읽을 엄두도 내지 못하고, 그저 저급하고 가벼운 책만을 읽도록 조건화 되어 쓸데없이 책에 시간과 인생을 허비하며 삶의 참의미를 찾지 못한 채 방황하게 되었다(EE: 2)!

전통교육의 가장 큰 문제점 중의 하나는 학습 목적을 설정하는 데 학생의 참여가 전혀 허용되지 않은 것이다. 이에 대해 듀이는 다르게 생각한다. 학습의 중요한 특징은 학습 활동을 추동하는 목적을 구성할 때 학생의 참여를 허용하고 적극적으로 권장하는 것이다. 어떤 시기에 교육의 목적이 정해져 있다고 하여, 그 목적의 구체적 의미가 항상 자명한 것도 아니다. 그 목적이 그 후에도 항상 타당하다는 보장도 없다. 교육목적은 교육받는 사람들이 겪는 구체적 삶의 경험 속에서 계속적으로 재해석되고 재구성될 때 진정한 목적으로서 작용한다. 교육목적이 없이 교육을 생각할 수는 없다. 그러므로 '과연 목적이 무엇인가?' '목적이 경험 속에서 어떻게 생겨나며 작용하는가?'를 올바로 이해하는 것이 중요하다(EE: 6).

전통적인 학습이 지니고 있는 문제점을 검토하면서, 듀이는 교육학의 아버지라고 불리는 헤르바르트의 이론을 구체적으로 비판한다. 헤르바르트가 제시한 이론적 결함을 지적하며, 학습에 대한 관점을 경계한다. 널리 알려져 있듯이, 헤르바르트는 과학적 인식의 획득 순서를 분석하여, 교수의 과정을 '명료→연합→계통→방법'으로 보고, 이러한 과정을 통해 학습이 이루어진다고 이해했다. 듀이도 이러한 과학적 교수 방법을 창안한 헤르바르트의 공적을 높이 평가한다. 헤르바르트는 정해진 작업이나 우연적 행위의 영역에서 과학적 '교수' 방법을 창안하여 교육의 인식을 전환하였다. 그러나 헤르바르트의 방법은 다음과 같은 점에서 소홀하며 한계를 드러낸다. 생물에는 능동적인 독특한 여러 기능이 있어, 환경에 대해 작용할 때 일어나는 방향 전환이나 조합을 통해 발달해 간다. 그런데 헤르바르트의 경우 이러한 과정이 무시된다(CE: 1). 학습에서 학습이 일어난 결과뿐만이 아니라 '과정도 중시되어야 한다'는 것이 듀이의 주장이다.

헤르바르트는 '교사는 그 기본 강령을 발휘해야 한다'라고 주장했다. 그러나 듀이는 이런 관점이 장점과 단점을 동시에 나타내고 있다고 인식했다. '정신은 이제까지 가르쳐진 것으로 이루어져 있고, 가르쳐진 것의 중요성은 보다 많은 것을 가르치는 데 유효하다!' 이러한 생각은 학교 교사의 생명의식을 반영한다. 이런 철학적 사유는 '학생을 가르친다'는 교사의 의무에 대해서는 매우 적극적이지만, '학생의 학습할 권리'에 대해서는 거의 입을 다물고 있다. 또한 지적 환경이 정신에 미치는 영향에 대해서는 강조하지만, 환경이라는 공동의 경험에 자신이 참가한다는 사실을 간과한다(EE: 서문). 또한 듀이는 개성을 존중하지 않는 학습을 매우 경계한다. 학습에서 존중되어야 할 요소로서의 개성은 두 가지 의미를 지닌다.

첫째, 인간은 자신의 목적과 문제를 가지고 있을 때만 정신적으로 한 개인이며 자신의 사고를 할 수 있다. '스스로 생각하라'는 표현은 군더더기에 해당한다. 인간이 스스로 생각하는 것이 아니라면 그것은 이미 사고가 아니다. 인간은 스스로 관찰하고 숙고하여 다양한 가설을 구상하고 그것을 검증할 때, 자신이 아는 내용을 넓혀 보충하고 수정할 수 있다. 사고는 음식물의 소화와 마찬가지로 개인적 영역이다.

둘째, 사람마다 관점이나 관심의 대상, 접근방법이 다르다. 이 차이를 획일적 규율을 위해 억압하고 학습과 수업 방법을 하나의 틀 속에 가두려 하면, 필연적으로 정신적 혼란과 부자연스러움이 발생한다. 독창성은 점차 파괴되고, 자신의 정신 활동에 대한 신뢰가 무너진다. 타인의 의견에 무조건 복종하는 태도가 길러지거나, 제멋대로의 사고가 형성된다. 그 폐단은 관습적 신념이 사회 전체를 지배하던 때보다 오늘날에 더욱 크게 나타난다. 왜냐하면 학교에서의 학습 방법과 학교 밖에서 이용되는 학습 방법의 차이가 더욱 커졌기 때문이다(ED: 22).

스스로 생각하는 개성은 '사고'를 의미한다. 사고와 더불어 듀이는 '상상력'을 중시했다. 상상력은 '사고'를 한다는 전제 하에 발휘될 수 있다. 이때 상상력은 개성과 의미가 상통한다. 학습자에게는 '학습할 권리'가 있고, 학습자는 모두 그 특성이 다르기 때문에 학습에서 개성은 매우 중요하다. 하지만 듀이는 당시의 학교교육이 개성을 제대로 살리지 못한다고 비판했다.

교과 내용을 배우는 통상적 학습 과정에서 아동들은 가끔씩 생각지도 못한 방향으로 반응한다. 아동들이 교과 내용에 접근하는 방식이나 그들의 마음에 교과 내용이 끼치는 독특한 인상에는, 노련한 교사들조차 전혀 예상하지 못하는 어떤 신선한 것이 있다. 그러나 이러한 것들은 언제나 부적절한 것으로 간주되면서 무시되어 왔다. 아동들은 성인들이 생각하는 것과 동일한 형식으로 교과 내용을 외우도록 의도적으로 억압되었다. 그 결과는 아동들이 원래 지닌 독창성, 개인을 타인과 구별하는 특징인 개성이 활용되지 못하고 올바른 방향으로 지도되지 못하는 것으로 나타났다. 교사는 자신이 현재 아는 교수 기법을 활용할 뿐, 새로운 관점을 얻지 못하고, 학생들과 어떠한 지적 교류도 경험하지 못한다. 따라서 가르치는 일과 배우는 일 모두 정신적 긴장감을 수반한 인습적이고 기계적인 작업으로 전락하고 만다(ED: 22).

'학습'에서 아동의 개성이 존중되어야 함에도 불구하고, 당시 학교교육은 그러한 것들을 만족시켜주지 못한 채 획일적으로 일방적인 학습을 시킨다는 것이다. 이러한 학습은 아동의 상상력을 채워주지 못하고, 학습하는 기계처럼 만든다는 것이 듀이의 비판이다.

학습에 대한 새로운 시선

전통적인 학습의 의미와 다르게, 듀이는 새로운 형태의 학습을 지향한다. 학습은 결과만이 아니라 과정 또한 중시되어야 하고, 개성 또한 존중되어야 한다! 그것을 구체적으로 설명하면 다음과 같다.

첫째, 학습은 아동이 최대한 경험할 수 있고, 아동의 곁에 있으며, 교재 또한 그렇게 구성되어야 한다. 아동들은 성인들의 행동을 모방하여 놀이하면서 성인들의 행동이 어떠한지 알게 된다. 아동들이 직접적으로 실천하건, 놀이를 통해 간접적으로 행동하건, 실제적인 일에 참여한다는 것은 적어도 본인 자신이 행하는 살아있는 행동이다. 반대로 학교교육을 중심으로 하는 제도적 학습은 현실에서 동떨어진 추상적이고 문자적인 것으로 활기가 없다. 낮은 단계의 사회에 축적되어 있는 지식은 적어도 그 사회 성원들이 스스로 실천에 옮기면서 몸에 익숙한 것이 된다. 이는 당면한 일상의 관심사 속으로 들어올 때 깃드는 깊은 뜻과 함께 존재한다. 그러나 진보된 문명사회에서는 학습해야 할 내용이 대부분 기호로 축적되어 있다. 그것은 통상적인 행동이나 사물로 번역할 수 있는 것이 아니다. 전문적이고 표면적이다(ED: 1).

우리가 학습할 문제는 최대한 가까운 곳에서 찾아야 한다. 학습할 내용이 기호나 상징으로 축적되어 있지만, 자신이 행하는 살아있는 행동으로 경험하고, 그 경험으로 인해 학습이 된다. 경험 안에서 학습할 내용을 찾아내는 것은 교육의 첫 단계에 지나지 않는다. 일상적인 삶의 사태에서 아동이 경험한 것은 그 자체로는 아동에게 풍부하고 깊은 의미를 제공해 주지는 않는다. 그런데 교과를 제대로 학습한 성인들의 경우, 삶의 사태에서 경험한 것들이 풍부하고 깊은 의미를 지니고 일정한 체계를 이루고 있다. 따라서 학습은 아동의 경험 안에서 그 내용을 찾는 것이 일차적이다. 그 다음 단계에 할 일은 아동이 경험한 내용들을 원래 경험된 상태, 아직 정리되지 않은 상태에 그대로 머무르지 않도록 하는 작업이다. 다시 말하면, 아직 정리되지 않은 아동들의 경험 내용들을 성인들이 학습한 교과의 형태로 접근할 수 있도록 점진적으로 발달시켜 나가는 것이다(EE: 7).

둘째, 학습하는 사람이 '주체'가 된 '학습'이 되어야 한다. 지식 습득이 사회적 성향을 형성하는 데 영향을 미치지 않는 경우, 살아있는 경험의 의미를 심화시킬 수는 없다. 반면, 학교교육은 학문의 전문가를 만들어낸다. 의식적으로 아는 내용은 학습이라는 특수한 과정을 통해 배웠다. 다른 사람과의 상호교류를 통해 학습하고 경험을 흡수하는 과정에서 성격을 형성했다. 때문에 의식적으로 아는 내용과 무의식적으로 아는 내용 사이의 갈라짐을 막는 일이, 학교교육이 전문적으로 발달함에 따라 더욱 어려운 일이 되어가고 있다(ED: 1).

규모가 작은 사회는 생산 활동에서 이윤을 추구해야만 하는 경제적 제약을 가지고 있지 않다. 그 사회에서 살아가는 힘과 통찰력을 발달시키면 된다. 이런 사회는 공리 추구에서 해방되어 인간 정신의 가능성을 향해 모든 것이 펼쳐져 있다. 아동들은 작업을 통해 협력하고 책임지며 의무가 무엇인지 그 사회의 도덕을 몸에 익힌다. 뿐만 아니라 그 작업을 잘 추진하기 위해 작업의 목적과 방법에 대해 숙고하고, 가지고 있는 재료에 대해 이해하기 위한 연구를 하게 된다. 그리고 지리, 역사, 수학 등의 기본 지식 없이는 작업을 잘 할 수 없다는 것을 깨달으면서, 스스로 관심을 가지고 그런 지식을 습득하게 된다. 여기서 아동들은 다른 사람에 의해 움직이는 '노예'가 아니라 자신의 의지로 움직이는 '주체'다. 그들은 필요하면 성인이나 선생에게 묻고, 도서관에서 조사하고, 신문이나 인터넷에서 배울 것이다. 그러면서 스스로 실험도 해본다. 자신에게 필요한 작업을 중심으로 거기에서 발생하는 여러 문제를 아동들 자신의 문제로 적극적으로 해명하려고 한다. 이것이 이른 바 문제해결학습의 원형이다. 이러한 학습 과정을 거쳐 아동들이 자발적 능동성과 사회적 책임 윤리를 배양하면, 학교는 작은 사회로서 뛰어난 가치를 가지고 아름답게 조화를 이룬 큰 사회에 대한 최고 최선의 담보가 될 것이다. 즉 학교는 국가 사회의 민주주의에 대한 가장 뛰어난 수단이 된다. 이렇게 볼 때, 학습의 주체는 학생이고, 문제를 스스로 해결하려는 능동성을 가지고 학습에 임할 때, 성장할 수 있다.

셋째, 학교교육에서 진정한 학습이 이루어지기 위해서는 학교 환경이 변화해야 한다. 무엇보다도 학생들의 책상은 학생이 작업을 충분히 할 수 있는 것이어야 한다. 기존의 학교에서 학생들의 책상은 학급 교실에서 단지 수업을 듣기 위해 만들어진 것이고, 교단을 향해 비좁게 배열되어 있다. 학습은 가만히 앉아서 수업을 듣기 위한 것이 아니라, 직접 무엇을 '하기' 위한 것이어야 한다. 듣는 작업은 수동적이고 머릿속에서의 일이다. 무엇을 하는 것은 능동적이고 몸을 실제로 움직이는 일이다. 게다가 문제 해결을 위한 작업은 생각하면서 행하고, 행하면서 생각하는 작업이다. 일하는 것을 통해 배운다. 이것이 인간의 모습이다. 이러한 작업을 예상하지 않은 책상에서는, 학생의 자주적 능동성 배양을 기대하는 것이 불가능하다.

듀이의 비판은 간단하다. 획일적 교실 환경과 그 환경으로 인한 획일적 학습 형태다. 책상은 선생님의 말을 잘 듣게 하기 위해 줄지어 놓고 있을 뿐이다. 학생들끼리 마주 대하고 의견을 서로 말하도록 되어 있지 않다. 이런 교실 환경에서 학습의 형태는 교사가 교재에 있는 내용을 '전달'하는 것에 국한될 수밖에 없다. 그리고 이러한 전달식의 교수 방법은 학생들의 진정한 '학습'을 이루어지게 할 수 없고, 학생들의 '성장'을 저해한다.

넷째, 언어보다는 실제 활동을 중시하는 학습이 되어야 한다. 학습은 학습자의 능동적 활동이다. 그런데 지식을 획득하는 과정에서 언어는 중요한 작용을 한다. 지식은 사람에서 사람으로 직접 전달될 때 효과가 있다. 이런 사고는 어떤 생각을 다른 사람의 마음에 전달하기 위해서는 그 사람의 귀에 음성을 전달하기만 하면 된다고 여겨질 정도이다. 때문에 지식 전달은 순전히 물리적 과정 정도로 여겨지고 만다.

언어는 수많은 사물에 대한 학습의 주요 도구가 된다. 그것이 어떻게 작용하는가? 갓난아기는 아무런 뜻이 없는, 그 어떤 관념도 나타내지 않는 단순한 소리, 잡음 등으로부터 언어를 인식한다. 소리는 직접적 반응을 일으키는 자극의 일종에 지나지 않는다. 어떤 것은 달래는 것 같은 효과를 내고, 어떤 것은 사람을 펄쩍 뛰어오르게 하는 경향을 보이기도 한다(ED: 2). 갓난아기의 반응처럼, 언어를 통한 학습은 중요하다. 언어를 통한 수동적 학습이 중요하지 않다는 것이 아니다. 듀이가 지적하는 것은 현재의 학습이 '언어를 통한 학습'에 치중하고 있는 점이다. 아무리 '언어'로 전달한다하더라도 실제적으로 해보지 않고서는 그것의 진정한 의미를 발견하는데 한계가 있다.

이런 사유들을 종합하여, 듀이는 '학습'의 의미를 두 가지로 정돈하였다. '학습'이라는 단어에 두 가지 의미가 함축되어 있다는 말이다. 하나는 학습을 축적되어 있는 것을 꺼내어 익히는 과정으로 본 것이다. 학문은 책이나 학자들을 통해 전해 내려오는 것, 즉 알려진 지식의 총화다. 그것은 외부적인 것으로, 물건을 창고에 넣어 보관하듯이 지적 활동의 결과를 쌓아두는 작업이다. 진리는 이미 완성된 것으로서 어딘가에 존재하고 있다. 이렇게 축적되어 있는 지식의 총화를 끄집어내어 익히는 과정이 학습이다. 다른 하나는 학습을 공부할 때 하는 '활동'으로 이해한 것이다. 이는 활동적인 것으로 개인이 하는 개인의 작업이다.

이런 점에서 학습에 대한 이원론이 성립한다. 이원론은 외부적인 개관적 지식과 순전히 내부적인 주관적이고 정신적 인식이 대립하는 형국이다. 한쪽에는 이미 완성된 진리 체계가 존재하고 다른 한쪽에는 인식 능력을 갖춘 이미 완성된 마음이 존재한다. 마음이 그 능력을 행사하면 지식을 얻을 수 있다. 하지만 이상하게도 마음이 그것을 싫어하는 경우가 많다. 사회적으로 이 구분은 권위에 의존하는 삶과 개인이 자유롭게 영위하는 삶의 구분에 해당되기도 한다(ED: 25).

그렇다면, 학교에서 이루어지는 학습은 어떠해야 하는가? 학교에서의 학습은 학교 밖에서의 학습과 괴리되어서는 안 된다. 연속적이어야 한다. 양자 사이에는 자유로운 상호작용이 있어야 한다. 이것은 한쪽의 사회적 관심과 다른 쪽의 사회적 관심 사이에 다수의 접촉점이 있어야 가능하다. 중간 의식과 공유된 활동은 존재할 수 있다. 하지만 그 사회 활동이 수도원의 생활처럼 울타리 밖 세계의 사회 활동과 전혀 관련이 없는 상황도 충분히 상상할 수 있다. 이 경우에 사회적 관심과 이해력은 발달하겠지만, 그것은 밖에서는 통용되지 않기 때문에 아무런 쓸모가 없다.

예를 들면, 현실을 추구하는 시민 사회와 이상을 추구하는 대학 사회의 괴리, 학구적 은둔 생활만을 추구하는 학습이 바로 이런 상황을 가리킨다. 복고적 사회정신을 부추기는 과거 문화에 대한 집착도 마찬가지다. 이것은 사람들에게 자신이 살고 있는 시대보다 과거 시대의 삶에 안주하게 만든다. 특히, 교양이나 인문학이라고 자처하는 교육 활동이 이런 위험에 처할 수 있다. 이상적 사회를 그리는 과거를 향해 인간이 도피와 위안을 구하면서 현재의 관심사는 비열하고 신경 쓸 가치가 없는 것으로 치부하는 오류를 저지를 수 있다(ED: 26).

학습의 지향점

듀이의 학습론은 '학습이 학생의 생활과 연결되어야 한다'는 시선에서 출발한다. 학습의 소재가 학생이 경험할 수 있는 것이어야 하고, 학생은 그것을 직접 경험함으로 인해 학습이라는 과정을 거친다. 그러므로 학습은 학습자의 능동적 활동이다. 무엇인가를 파악하기 위해 마음이 외부로 향하는 작용과 마음 내부에서 새로운 내용을 소화하는 작용을 포함한다. 이런 활동을 위해 우리는 아동과 마주쳐야 하며, 아동으로부터 출발해야 한다. 학습의 질과 양을 결정하는 것은 정해진 교과가 아니라 살아있는 아동 자신의 삶이요 활동 자체다(EE: 1).

다시 강조하지만, 학습은 결과만이 아니라 과정 또한 중시되어야 하고, 개성이 존중되어야 한다. 하지만 학교에서 일어나는 학습은 그렇지 못하다. 학교 수업을 통해 학습의 결과로 배워지는 것들은, 언어로 표현된 교재의 내용에 대해 교사가 이야기를 들려주는 것일 뿐이다. 이때 학생들의 경험에 대해 제대로 지원하지 않는다. 이런 학습을 통해서는 진정한 학습이 행해질 수 없다. 현실감이 결여되었기 때문에 학생들에게는 의미가 발생하지 않는다. 학습된 결과가 실생활에서 바로 적용되지 못하고, 미래를 위한 준비 활동에 그치기 때문에, 이런 학교교육을 통해서는 진정한 학습이나 성장이 이루어질 수 없다.

학습의 목적과 성과는 성장 가능성의 지속이다. 이런 생각은 사람과 사람의 상호 교류가 이루어지는 경우에 해당한다. 모든 사람들이 공평하게 관심을 갖고 있는 것에 대해 다양한 자극을 하며, 사회 습관이나 제도를 개조하기 위한 충분한 준비가 되어 있을 때 가능하다. 이것이 다름 아닌 민주적 사회다. 민주 사회에서 학습의 목적은 교육과정 바깥에서 교육을 지배하는 어떤 것에 두어서는 안 된다. 민주 시민이 그것을 허용하지 않는다.

학습의 목적은 그 자체가 작용하는 과정 내부에 있는 경우와 외부에서 주어지는 사이에서 심각하게 고려해야 한다. 외부에서 목적이 주어지는 경우, 사회의 여러 관계가 공평하게 균형 잡히지 않은 상황이다. 그것은 어떤 사회 집단에 의해 목적을 외부로부터의 명령에 따라 결정하기 때문이다. 그들의 목적은 그들 자신이 경험한 자유로운 성장에서 생기는 것이 아니다. 명목뿐인 그들의 목적은 진정으로 그들 자신의 것이라기보다는, 오히려 다른 사람들의 비밀스러운 목적을 달성하기 위한 수단이 될 것이다(ED: 8).

듀이는 진정한 학습을 위한 교육자의 역할을 진지하게 당부한다. 교육자는 일반적이고 궁극적인 것이라고 주장되는 교육목적을 경계해야 한다. 제 아무리 특수한 것일지라도, 인간의 활동은 다방면에 관련되어 있다는 점에서 일반적이다. 왜냐하면 그것은 끊임없이 다른 것으로 파급되어 가기 때문이다. 이때 '일반적'이라는 말은 '추상적'인 것, 즉 일체의 특수한 관계로부터 떨어져 있음을 의미한다. 추상적인 것은 '관계가 엷다'는 것을 뜻한다.

추상성으로부터 멀어질수록, 학습 그 자체의 성과는 자신이 직접 경험하는 일에서 가치를 느낀다. 진정으로 일반적인 목적은 인간의 시야를 확대시킨다. 그것은 사람을 자극하여 보다 많은 결과를 고려하게 만든다. 이는 보다 넓은 범위에 걸쳐, 보다 자유롭게 관찰하는 것을 의미한다(ED: 8).

요컨대, 듀이에게서 학습은 인간이 하나의 유기체로서 환경에 적응해 가는 모든 과정이다. 정의 자체가 매우 포괄적이다. 포괄적 정의이긴 하지만, 학습은 여러 가지 조건을 가진다. 학습은 직접적 경험이 우선적이어야 하고, 학습자가 주체적으로 경험할 수 있어야 한다. 그것은 결과론의 관점이기보다는 과정을 중시하는 철학이며, 경험의 지속적 성장이라는 점에서 영속적이다.

주제 6: 관심, 자아표현의 활동

관심, 혹은 흥미

듀이의 교육철학에서 '관심(interest)'은 흔히 '흥미'로 번역된다. 그러나 한국어에서 관심과 흥미는 상당한 뉘앙스의 차이가 존재한다. 〈국어사전〉에 의하면, 관심(關心)은 "어떤 사물에 사람의 마음이 끌려 주의를 기울이는 것, 또는 그런 마음이나 주의"를 말한다. 흥미(興味)는 "흥이 나서 재미를 느끼는 것"이나 "어떤 사물에 마음이 끌리는 감정"을 뜻한다. 따라서 영어의 인터레스트(interest)를 교육적으로 이해할 때는 관심이라는 표현이 어울릴 듯하다.

듀이의 '관심'을 이해하기 위해서는, 먼저 '자아'에 대한 개념을 짚을 필요가 있다. 왜냐하면 관심은 '자아표현(self expressive)활동'이자 '성장'의 형식이기 때문이다. 듀이는 다음과 같은 언급을 통해 그것을 뒷받침 한다.

삶의 활동은 환경 변화와의 관련에서만 성공을 거두거나 실패를 맛본다. 삶의 활동은 문자 그대로 그것의 변화에 매여 있다. '개인이 사물에 대해 모종의 태도를 가진다'는 것은 사물의 변화가 자아의 활동과 무관하지 않다는 것, '자아의 미래 활동과 복지가 다른 사람이나 사물의 활동과 불가분의 관계를 맺고 있다'는 것에 대한 확실한 증거가 된다. 그리하여 관심은 '사태의 진전 속에서 자아와 세계가 서로 맞물려 있다'는 것을 나타낸다. 즉 자아와 관계가 없는 객관적 상태의 대상은 아무 의미가 없으며, 이는 관심과도 관계가 없다. 자아가 대상과 맞물려 있을 때 관심이 존재한다(DE: 3).

관심은 자아와 대상 세계가 하나로 되어 나가는 일련의 통일적 활동이다(양은숙, 2003). '자아'는 이미 만들어져 있는 것이 아니다. '행동의 선택에 의해 끊임없이 형성되고 있다'는 것을 인정하는 순간, 모든 문제는 사라진다. 어떤 사람이 '생명의 위험을 무릅쓰면서 자신이 선택한 일을 계속하는 데 관심을 가지고 있다'고 하자. 그것은 '그의 자아가 그 일을 하는 가운데 드러난다'는 뜻이다. 그 사람이 일을 포기하고 개인적 안전과 안락을 선택했다면, 이것 또한 그가 이런 종류의 자아를 선택했다는 의미다. 다시 말하면, 관심은 주체나 객체의 안정화된 실체적 속성이 아니라, 자아와 대상세계가 하나로 되고 활동적, 지성적, 정서적 차원이 통합되며 발달해 가는 활동을 가리킨다. 아동의 능력과 힘과 경험이 성장해 감에 따라 점점 복잡하고 다양한 요소를 포함하는 활동을 추구하게 되는 방식으로 관심은 발달한다(양은주, 2003: 187).

그런데 내가 갖는 관심과 자아를 분리하여 생각한다고 해보자. 자아는 목적이고 이에 반하는 관심은 사물이나 그 밖의 것과 관련된다. 이때 관심은 자아의 목적을 달성하기 위한 수단이다. 이런 생각들은 오류를 낳기 쉽다. 엄밀하게 말하면, 자아와 관심은 동일한 사물의 다른 이름이다. 한 사물에 대해 능동적으로 표시하는 관심의 종류와 양이 바로 그 사람의 자아의 질을 나타내며 그것을 가늠하는 척도다. 관심은 자아와 사물의 활동성이다. 따라서 관심은 자아나 사물과 동일시된다.

이런 점에서 관심은 자아와 사물 사이, 그것이 일체화를 이룬 것이다. 듀이가 규정하는 자아와 대상의 '일체화' 혹은 '동일시'로서의 관심은 순수하게 주관적인 것이거나 고립적 대상에 대해 갖는 우발적 관심이 아니다. 대상과의 긴밀한 상호작용을 통해 자아와 대상이 함께 맞물려 변화해가는 통합적 맥락에서 파악된다(김무길, 2008: 17).

> 관심은 '어떤 사람이 현재의 사물이나 사태에 들어있는 가능성에 매어 있다'는 것, 그리하여 '그 사물이나 사태가 자기에게 어떤 영향을 끼치게 될 것인가'에 대해 조심하고 있다는 것, 그리고 '그의 기대나 예견을 기초로 사태의 방향을 자기가 의도하는 바에 따라 바꾸려 한다'는 것을 암시한다. 관심과 목적은 서로 논리적 연관을 맺고 있다. 목적이나 의도 등은 바라는 '결과'를 강조하여 표현한 말이다. 이 경우, 그것을 바라는 사람의 태도, 즉 간절한 마음, 그것이 이루어질 가능성이 있는가 없는가라는 걱정 등이 전제되어 있다. 관심, 애착, 동기 등은 예견된 결과가 개인의 미래 운명에 대해 가지는 의미, 그리고 그 예견된 결과를 얻기 위해 행동할 열의를 강조하여 표현한 말이다. 여기에서 목적으로 하는 변화는 이미 전제되어 있다
> '관심'이라는 단어는 어원적으로 볼 때 '사이에 있는 것', 즉 거리가 있는 두 사물을 관련짓는 것을 뜻한다. 교육의 경우, 두 사물 사이에 메워야 할 거리는 시

간적인 것으로 생각할 수 있다. 성장의 과정에는 시작 단계가 있고 완성 단계가 있다. 그리고 그 사이에 밟아야 할 과정, 즉 중간 과정이 있다. 우리는 흔히 이 과정을 간과하기 쉽다. 학습의 경우, 학생이 현재 지니고 있는 힘은 시작 단계이며 교사의 목적은 그 반대쪽 끝이다. 이 두 가지 사이에 있는 것이 '수단', 즉 '중간 조건'으로, 활동을 하고 난관을 극복하고 장비를 쓰고 하는 것들이 여기에 해당된다. 이 수단을 '통해서만'(여기서 '통한다'는 것은 문자 그대로 시간적 의미를 지닌다.) 맨 처음의 활동이 만족스러운 최종 결과에 도달하게 된다.

이 중간 조건에 관심을 가지는 이유는, 현재 진행 중인 활동이 미래 예견되는 소망의 결과에 도달하는지의 여부가 그것에 달렸기 때문이다. 학습 자료를 '학습자가 관심을 갖도록 만들어야 한다'는 것은 그 자료가 현재 제시된 대로는 '학생의 현재 힘과 도달해야 할 목적 사이에 연결이 성립될 수 없다'는 뜻이다. 그렇지 않으면 '연결이 성립된다'고 하더라도 그것을 아직 보지 못하고 있다는 뜻이다. 학생에게 이미 존재하는 연결을 깨닫도록 함으로써 관심을 가질 수 있도록 하는 것은 전적으로 타당하다. 그러나 외적인, 인위적인 유인에 의해 관심이 생기게 하는 것은, 지금까지 교육에서 관심의 원리가 받아온 모든 비난과 조롱을 감수해야 한다(DE: 10).

관심의 어원은 '사이에 있는 것(inter+esse: what is between)'이다. 이는 거리가 있는 두 사물을 관련짓는 것을 의미한다. 인용문에서 보았듯이, 우리는 관심이 시작과 끝의 중간에 있는 것, 즉 사이에 있는 것으로서, '최종 결과에 이르는 수단이 된다'는 듀이의 주장에 유념해야 한다. 왜냐하면 수단과 목적 사이에 존재하는 관심은 반드시 성장과 관련되기 때문이다

(이기영·정지숙, 1998: 113).

듀이가 말하는 관심의 일상적 의미는, "능동적 발달의 전반적 상태"이 거나 "달성하려고 예견하는 객관적 결과"이며, "개인적·정서적 경향"을 표현한다(DE: 10). 능동적 발달의 전반적 상태는 관심 개념을 능동적으로 사용하는 것을 의미한다. 즉 관심이 투사되고 추진되며 연동되는 측면이 다. 쉽게 말하면, 사람이 어떤 대상에 능동적으로 관계하여 관심 갖는 것을 말한다. 인간은 늘 의도적으로 이미 어떤 것을 행하고 있다. 이러한 계 속적 활동은 일정한 방향을 지향한다. 삶이 있는 곳마다 활동이 있고, 하나의 활동은 그 자체가 어떤 성향이나 정향을 지닌다.

달성하려고 예견하는 객관적 결과는 사람이 미래에 어떤 결과를 예견 하고 바라는 객관적 성과를 말한다. 우리는 어떤 사람이 특정한 대상에 주의를 기울일 때, 그 부분에 관심이 있다고 말한다. 어떤 사람의 관심 범 위인, 예를 들면 그의 사업에 대한 관심, 최근의 뉴스거리에 대한 관심 등 에 대해 수시로 언급한다. 이때 관심의 객관적 의미는 그 사람이 하는 일 과 동일시된다. 관심의 객관적 개념은 갑자기 발동하는 감정처럼 단순하 게 그 자체를 목적으로 하는 것이 아니라, 사람이 고려하는 대상에 구체 화되어 있다. 개인적·정서적 경향은 주관적 관심과 연관된다. 예를 들면, 과학적 발명이나 정치에 관한 문제는 사람들의 객관적 관심일 수 있다. 하지만 인간의 복지나 경제적 만족과 연결될 때 주관적 관심이 되기도 한 다(박준영, 2001).

이런 점에서 "능동적 발달의 전반적 상태"는 사람이 종사하는 일에서 의 '관심'이다. "달성하려고 예견하는 객관적 결과"는 어떤 대상과 사람이 접촉하는 연결점으로서의 관심이다. "개인적·정서적 경향"은 개인적 태도를 직접적으로 강조한 관심, 이른바 '몰두'를 의미한다. 대개 '관심'의 의미를 격하시키는 경우, 관심을 "달성하려고 예견하는 객관적 결과"로만 해석하여, 단순하게 사물이 개인적 이익이나 손해, 성공이나 실패에 어떤 영향을 끼치는지의 시각에서 파악한다. 사태의 객관적 진척과는 유리된 채, 순전히 개인의 쾌락이나 고통에 관한 문제로 인식한다(DE: 10).

듀이는 관심을 "객관적 대상에 대한 주관적 태도", 또는 "객관적 대상과 주관적 태도와의 관계"라고 정의한다. 관심은 개인적 기호나 태도를 나타내지만, 그것은 반드시 어떤 '대상'에 대한 태도다. '관심을 가지고 있다'는 말은 '어떤 대상에 자기 자신을 잊어 버렸다'는 것과 '그 대상에서 자기 자신을 찾았다'는 것을 동시에 나타낸다. 이 두 가지 표현은 모두 그 대상 속에 자아가 몰입되어 있는 상태다. 올바른 관심의 원리는 대상과 자아의 연결을 깨닫는 상태, 즉 대상과 자아가 동일성을 획득한 상태를 말한다. 관심의 객관적 측면과 주관적 측면 가운데 어느 한쪽에 치우치면 올바른 관심의 원리가 될 수 없다. 전자를 강조할 경우에는 전통교육에서 흔히 볼 수 있는 것처럼, 위로부터, 그리고 외부로부터 교과를 부과하는 것이 된다. 그러한 교육은 단지 성숙을 향해 서서히 성장하고 배우는 아동들에게 성인이 지니고 있는 삶의 표준과 교과 내용 및 방법을 부과한다(김정국, 1999).

그렇다면 우리가 '무엇에 관심이 있다'고 말할 때, 관심은 주관적 태도와 객관적 대상의 관계로 규정된다. 자아와 대상은 관심에 의해 '동일성을 획득하게 된다'는 말이다. 자아와 대상의 동일성을 지각한다는 것은 자아와 대상이 서로 맞물려 있다는 것을 인식하고 있다는 의미다. 즉 관심은 어떤 사람이 눈앞의 사물이나 사태에 들어있는 가능성에 매여 있다. 그리하여 그 사물이나 사태가 자기에게 어떤 영향을 끼치게 될 것인가에 대해 조심하고 있다. 그리고 그의 기대나 예견을 기초로 사태의 방향을 자기가 의도하는 것에 따라 바꾸려는 작업이다. 이러한 관심은 '힘이 성장해 가는' 신호이자 징후다. 내가 어떤 대상에 관심이 있는 것은 그 관심만큼 나의 능력이 생기기 시작한다는 것을 나타낸다.

삶에서 관심의 중요성

관심이 생기면, 그때부터 우리는 참여하기 시작한다. '관심을 가지는 일'은 사물들을 사태에서 떨어진 것으로 파악하지 않고, 그와 같이 끊임없이 발전되어 나가는 사태의 한 부분으로 그것과 연결된 것으로 인지한다. 그러기에 학생이라는 자아가 교육이라는 상황에 참여하는데, 관심은 그 사이의 문과 같다. 반면, 관심이 없는 곳에서는 아무리 깊이 생각하였더라도 순간적이고 피상적으로 스쳐 지나가고 만다. 관심의 분산, 그리고 학습을 회피하려는 생각은 집중과 몰입, 전념을 파괴한다. 그러므로 관심이 끈질기게 일을 추진하는 데 필수적 조건이 된다(DE: 1).

아동기에는 일반적으로 다양한 사물에 대한 관심을 나타낸다. 그 관심에 대한 계속적이고 동정적인 관찰을 통해서만 성인은 아동의 삶에 들어갈 수 있다. 그때 비로소 성인은 아동이 그 삶에서 무슨 일을 할 태세가 되어 있고, 아동이 기꺼이, 보람 있게 다룰 수 있는 자료가 어떤 것인지를 알 수 있다. 그렇다고 아동의 관심을 부추겨서도 안 되고 무시하거나 억압해서도 안 된다. 아동의 관심을 억압하는 것은 아동을 성인으로 바꿔치기하는 짓이다. 그런 짓은 아동의 지적 호기심과 민첩성을 약화시키고, 자발성을 짓밟아버리는 행위다. 아동의 관심을 부추기는 것은 순간적으로 지나가는 것을 영원한 것으로 착각하게 만든다. 관심은 언제나 밑에 숨어있는 힘의 외적 표지다. 중요한 것은 이 밑에 숨어있는 힘을 알아내는 작업이다. 아동의 관심을 부추기는 것은 표면의 밑을 파고들어갈 수 없기 때문에 나타나는 현상이다. 지나치게 관심을 부추길 때, 어김없이 아동의 진정한 관심을 일시적 기분이나 변덕으로 대치하는 결과를 낳는다.

그렇기에 아동을 마주하는 교사는 아동의 현재 능력과 관련된 사물이나 활동 양식을 찾아내야 한다. 수업의 문제는 학생에게 중요하다. 학생이 관심 있는 목적을 달성하기 위한 구체적 활동에 종사할 수 있도록 알맞은 자료를 고안해 내는 일이 관건이다. 수업 활동에 관련되는 사물들을 도구나 기구로 취급하는 것이 아니라, 목적 달성의 조건으로 받아들이게 해야 한다. 그러나 학생이 어떤 사물이나 활동 양식이 수업 활동과 '관련' 되는지 아닌지를 인식하지 못한 경우, 그것이 학생에게 이미 존재하는 것과 어떻게 연결되는지 깨닫게 하여 관심을 가지도록 하는 일이 필요하다.

그렇다면 관심의 '교육적 의미'는 어디에 있는가? 미리 답하면, 그것은 앞에서 언급한 '성장'에 있다. 관심은 단순한 활동이 아니다. 인간의 성장과 발달로서의 관심이다. 관심은 학습자에게 정상적이어야 하고, 관심에 의존하는 것은 그의 문제 활동이 자신의 성장이나 발달을 포함하기에 교육적으로 합법적이다. 관심이 자신의 성장이나 발달을 억제하는 징후를 보이거나 그 원인이 된다면, 그것은 올바르지 않은 방향으로 이용될 수 있다. 자아와 대상과의 순간적 흥분 관계는 교육적이지 못하다. 뿐만 아니라, 전혀 아무런 관계가 없는 것보다도 나쁘다. 관심은 주의를 갖는 것만으로는 충분하지 않다. 주의가 끊임없이 지속되어야 한다. 에너지를 불러일으키는 것만으로는 충분하지 않다. 에너지를 갖는 과정, 즉 에너지가 영향을 주는 결과들이 관심을 갖느냐의 여부에서 중요한 문제다.

관심은 마음의 문제와 직결된다. 여기서 마음이라는 것은 그 자체로서 온전한 실체를 가진 어떤 것을 가리키는 명칭이 아니다. 지적 능력으로 방향 지어진 행동의 진행을 가리킨다. 행동에 목적 또는 목표가 있고 그 목적 달성을 도와주는 수단이 선택될 때, 마음이 작용한다. 이러한 마음을 훈련하는데 오랫동안 우리의 사고를 지배해 온 오류는, 마음 그 자체가 온전한 실체를 가진 것으로 파악하고, 어떤 자료가 주어졌을 때 마음이라는 '물건'이 그것에 직접 적용되는 것처럼 생각했다는 것이다(DE: 10).

관심은 유목적적 경험 내에서 사물이 우리의 마음을 움직이는 힘이다. 그것이 실제로 지각되는 것이건, 상상으로 나타나는 것이건, 문제가 되지 않는다. 구체적으로 말하면, 교육적 발달 과정에서, 관심이 차지하는 역동적 위치를 올바르게 인식하는 것은, 아동 개인의 특수한 능력, 요구, 기호 등을 고려할 수 있게 한다는 점에서 가치를 지닌다. 관심의 중요성을 인식하는 사람은, 아동들이 모두 동일한 교사 밑에서 동일한 교과서로 공부한다고 해서, 모든 아동의 마음이 동일한 방식으로 작용한다고 생각하지는 않는다. 문제에 접근하고 반응하는 태도와 방법은 학습 내용이 가지고 있는 특수한 심리적 호소력에 따라 상이하다. 하지만 이 호소력은 또한 학생의 천부적 적성, 과거의 경험, 삶의 계획 등의 차이에 따라 다르게 나타난다.

예를 들면, 수(數)가 학습의 자료인 것은 그것이 이미 수학이라는 학문 분야를 이루고 있기 때문이 아니다. 그것이 우리의 행위가 이루어지는 세상의 성질과 어떻게 연결되어 있는지 관계를 나타내고, 우리의 목적 달성 여부를 결정하는 요인이 되기 때문이다. 수학을 단순히 학생들이 공부해야 할 객관적 지식의 교과목으로 제시하는 한, 수학 학습은 인위적이고 비효과적인 것으로 전락한다. 수학 학습이 효과적으로 이루어지려면, 학생이 다루는 수학적 지식이 자기에게 관심이 있는 활동의 결실을 얻는 데 중요한 역할을 한다는 것을 알게 해야 한다. 어떤 사물이나 주제, 그리고 유목적적 활동의 성공적 수행 사이에 이러한 관련이야말로 관심에 관한 진정한 이론의 알파요 오메가다(DE: 10).

관심의 사회적 측면

관심과 연관해 볼 때, 유목적적 개념을 올바르게 규정하는 일은 절대적으로 중요하다. 일에서건 놀이에서건 유목적적 능동적 활동에서 사물과 사실을 다룸으로써 그에 대한 관심이 넓어지고 지적 능력이 함양된 사람은, 초연한 학문적 지식과 경직되고 편협한 실제 사이의 갈등에 쓸데없이 시달리지 않는다. 어떤 일을 하는 데 절실히 필요한 것은, 타고난 능동적 경향성이 무엇인지를 파악하고, 그것을 충분히 동원되도록 하는 작업이다.

듀이의 관심을 이해할 때, 진지하게 고려해야 할 요소가 있다. 인간의 활동은 개인적 요소와 사회적 요소, 주관적 요소와 객관적 요소가 상호작용하면서 이루어진다는 점이다. 관심은 내적인 측면의 작용으로만 성립하는 것도 아니고 외적인 표상이나 관념의 작용에 의해서만 생기는 것도 아니다. 내부에서 일어나는 성향을 바탕으로 외부에 있는 대상에 작용하는 활동을 통해 갖게 되는 성장의 형식이다(IE: 1). 따라서 관심을 순간적 반응이나 즉각적 쾌락으로 설명해서는 곤란하다.

'관심'에 담겨 있는 근본적 사고는, 어떤 목적을 달성하는 것이 자신에게 중요하고 가치 있기 때문에, 그 목적을 실현시키는 활동에 참여하고 몰두하는 사태를 나타낸다(IE: 2). 어떤 사람이 활동한다는 것은 그 활동과 관련된 결과가 자신에게 중요하고, 그 결과가 어떻게 나오느냐에 따라 자신이 영향을 받는다는 것을 알기 때문이다. 그 사람의 앞날은 사건이 진전되는 결과에 달려 있으므로, 그는 자기가 원하는 대로 바꾸려고 애쓴다. 이와 같은 태도를 지칭하는 용어가 다름 아닌 관심이다(DE: 10).

듀이에 의하면, 사람이 무엇을 하고 있고, 전적으로 어떤 것에 빠져 있으면서 관심을 가지고 있는 것은, 그 관심만큼이나 목적이 있다. 이 목적은 단순히 현재의 활동을 종결짓는 것만이 아니라 삶의 이상을 반영한다. 한 인간의 활동을 보면 그의 관심을 이해할 수 있는데, 관심은 목적을 실현하기 위해 어떤 활동을 하고 대상에 몰두하고 있음을 나타낸다. 듀이가 분석하고 규정하는 관심은 단순히 무엇을 좋아하거나 호기심을 갖는 일과는 차원이 다르다.

관심의 측면과 발달

그렇다면 관심은 인간에게서 어떤 양상으로 드러나는가? 능동적인가 수동적인가? 내면적인가 외면적인가? 듀이는 관심을 심리학적 측면에서 세 가지로 구분하여 설명하였다.

첫째, 관심은 능동적이고 역동적이다. 어떤 대상에 관심을 가진다는 것은 그 대상에 적극적으로 마음이 간다는 뜻이다. 한 대상에 대한 단순한 느낌은 정적이고 무기력하지만 관심은 역동적이다. 이러한 측면은 충동적이거나 행동의 자발적 경향성과 유사한 면이 있다. 따라서 관심이 행동으로 나타날 때는 자발적 경향성이나 방향성을 가지게 된다.

둘째, 관심에는 대상이 있다. 어떤 대상에 주의를 기울이고 몰두하는 사람에 대해, 그 사람은 '무엇 무엇에 관심을 가지고 있다'라고 한다. 예컨대 화가는 캔버스나 붓, 물감에 관심이 있을 것이고, 사업가는 경기 변동과 상품의 수요 공급, 시장의 변동 등에 관심을 가질 것이다. 화가가 캔버스나 붓, 물감에 관심을 갖는 이유는 그 도구들이 화가의 예술적 잠재력을 발견하고 발전시키는데 도움이 되기 때문이다. 사람들에게 그냥 12라는 숫자를 제시하면, 그것은 그 자체로 외부적 사실일 뿐 관심의 대상이 아니다. 그러나 그 숫자가 사랑하는 사람의 생년월일과 관계가 되거나 물건의 개수를 헤아리거나 단위를 재는 데 사용되는 등, 특정한 수단이 되면,

사람들은 관심을 가지게 된다.

셋째, 관심은 주관적이다. 관심은 직접적 관심사를 의미하며, 당면한 일을 인식하는 것이다. 따라서 그 일의 결과는 개인에게 중요한 의미를 지닌다. 관심이 주관적이라는 것은 개인에 따라 느끼는 가치, 정서가 다르다는 말이다.

이런 차원에서 이해하면, 관심은 자기표현 활동이다. 아울러 객관 대상이 가지고 있는 개인의 정서적 표현이다. 심리학적 측면에서 관심의 근본적 의미는, 개인이 어떤 활동이 가치 있다고 생각하여 완전히 몰두한 상태다.

특히, 아동의 관심은 무한히 다양하므로 범주를 정하기가 매우 어렵다. 하지만 듀이는 일반적으로 아동을 비롯하여 인간의 관심을 신체적 관심, 도구 사용에의 관심, 지적 관심, 사회적 관심의 네 가지 측면으로 구분한다. 이 네 가지 관심은 수준별 발달 단계를 나타내는 것이기는 하지만, 별도로 분리되어 순서대로 발달하는 것이 아니라 상호 관련되어 있다.

첫째, '신체적 관심'은 신체적 활동에 대한 관심이며, 가장 먼저 가지게 되는 관심이다. 아동을 비롯한 인간의 삶에서 우선적인 문제는 눈, 귀, 입, 코, 피부 접촉 등과 같은 감각 기관과 근육과 뼈 등 운동기관을 서로 관련시켜, 그것을 사용하는 방법을 배우는 작업이다. 신체적 활동은 정신적 능력의 바탕이 된다. 인간의 신체적 활동은 아무런 목적 없이 일어나는 것이 아니라 특정한 목적을 지니고 있다. 신체적 활동은 단순히 신체적인 것에 국한 되지 않고 정신적이고 지적인 측면과 맞물린다. 지적 능력의 발전은 신체적 활동에서 시작되므로 인간의 학습 과정에서 신체적 활동을 억압하게 되면 지적 발달이 일어나기 어렵다.

둘째, 도구 사용에의 관심은 신체적 활동에 톱, 나사, 송곳, 칼, 막대 등 도구를 사용하면서 느끼는 것이다. 도구 사용은 신체 기관의 연장으로 간주될 수 있기 때문에 신체적 관심과 명확하게 구분되지는 않는다. 그러나 도구 사용은 보다 많은 지적 능력을 사용해야 하며, 보다 높은 수준의 기술을 필요로 한다. 도구 사용으로 보다 복잡한 신체적 활동을 일으키면 새로운 발달이 일어나게 된다. 이때 목적을 달성하기 위해 매개적 수단이나 장치를 사용하는 활동을 '작업(work)'이라고 말한다. 그러므로 도구 사용에의 관심을 '작업에의 관심'이라고 할 수도 있다.

셋째, 지적 관심은 도구 사용에의 관심이 발달하고 난 후에 독자적으로 나타나는 것이 아니다. 이 관심은 어린 아이 시절의 '신체적 활동'과 아동·청소년·성인들의 '작업' 등을 통하여 두루 나타난다. 지적 측면은 활동의 결과에 대한 명확한 인식과 문제해결의 수단을 모색하고 적용하는 가운데 생기는 것으로, 활동에서 없어서는 안 될 부분이다. 사물이나 사건에 대한 관심인 지적 관심은 그 관심의 대상이 인간으로 옮겨지면 사회적 관심이 된다.

넷째, 사회적 관심은 사람에 대한 흥미를 일컫는 말이다. 사회적 관심은 지적 관심보다 상위에 있는 것이 아니라, 그 관심의 대상이 다르다. 아동이 인간에 대해 갖는 관심은 강력하다. 아동은 다른 사람들과의 관계 속에서 동정, 모방 등과 같은 사회적 본능을 습득해 간다. 아동은 경험과 지능의 한계 내에서 다른 사람의 관심과 자신의 관심을 동일시하려는 경향이 성인보다 훨씬 강하다. 다른 사람들과의 동일시를 통해 아동 자신의 경험을 넓혀 가고 사회적 관심을 확장시켜 간다. 이러한 사회적 관심은 아동 자신의 활동에 흥미를 느끼게 해주는 동시에 사물에 대한 관심도 증대해 준다. 사회적 관심은 나아가 도덕적 관심과 밀접하게 관련되어 있다. 다른 사람들과 그들의 활동, 목적에 대한 강한 관심은 인간의 활동을 대담하게 하고, 관용을 가지게 하며, 활동 범위를 넓혀 준다. 사회적 관심이 강해질수록 이기적이고 자기중심적 경향을 극복하고, 사회에서 도덕적으로 요구하는 것을 따르려는 경향성이 커지게 된다(IE: 4).

주제 7: 사고, 창조적 발견

경험에 내재하는 지적 요소

듀이의 교육철학에서 사고는 매우 중요한 기저(基底)다. 그가 생각하는 사고는 "우리가 하려는 것과 그 결과로 일어나는 것 사이의 관련을 파악하는 일"이다. 다시 말하면, "아직 일어나지는 않았지만 어떤 사건을, 앞으로 일어날 어떤 것과 관련 지어 앞의 것이 뒤의 것에 어떤 '의미' 또는 '관련'을 가지고 있는가를 알아내려고 하는 작업"이다(DE: 11). 이때 '사고'라는 개념은 '반성(reflection)'이나 '반성적 사고(reflective thinking)', 때로는 '탐구'(inquiry)와 거의 유사하다.

그렇다면 듀이가 주장하는 사고는 어떤 특징을 지니고 있는가? 심사숙고할 부분은 '사고는 경험하는 가운데 있다'는 점이다. 듀이는 서구의 전통 철학이 전제하고 있던 사고와 행위의 이분법을 넘어선다. 그리하여 사고는 행위, 특히, '경험하는 행위 안'에 있다고 본다.

사고는 흔히 경험과 단절된 그 무엇이고, 경험과 별도로 개발될 수 있는 것으로 생각되어 왔다. 경험은 감각이나 욕망, 또는 단순히 물질세계에 국한된 것처럼 생각되었고, 그 반면에 사고는 이른바 이성에서 나오는 고등 능력이자 정신적 인 것 또는 최소한 문자로 쓴 것을 주로 다루는 것으로 생각한다(ED: 12).

듀이는 서구의 전통 철학에서 강조했던 사고에 대한 인식을 강력하게 비판한다. 욕망과 관계된 신체와 이를 통제하는 이성은 전통 서구철학이 주장하던 오래된 이분법적 인식의 틀이다. 이런 전통은 경험을 믿을 수 없는 변덕스러운 것으로 치부했다. 때문에 사고는 경험을 넘어 영원한 진리의 영역을 다룬다.

서구의 교육도 이러한 이분법에 근거하여 진행되었다. 그간의 교육은 한편으로는 이성적 삶을 살 수 있고, 앎 그 자체를 목적으로 배우는 '자유인의 교과', 이른바 '자유교양(liberal arts)'을 추구했고, 다른 한편으로는 욕망을 가지고 타인의 목적에 부합하며 일해야 하는 '직업 교과'가 이루어졌다. 자유인의 교과와 직업 교과를 구분하는 두 교육이 전통처럼 이어져 왔다. 듀이는 이러한 이분법을 정면으로 반박한다.

이성은 멀리 있는 관념상의 정신능력이 아니다. 활동이 풍부한 의미를 가질 수 있게 하는 일체의 자원을 가리킨다(DE: 19).

듀이는 사고를 경험과 떨어진 별개의 것으로 보지 않는다. 경험 안에 존재하는 것, 진정한 경험에 내재한 지적 요소로 파악한다. 경험은 일차적으로 능동-수동 관계다(DE: 11). 경험은 무언가를 능동적으로 하는 행위이자 그 행위를 통해 우리의 내면에 수동적으로 새겨진 변화가 있을 때, 의미를 갖는다. 앞에서 언급했던, 불을 만져본 아이의 동작은 능동적이지만 그 자체가 경험은 아니다. 그 동작으로 인해 아이가 수동적으로 '불은 뜨겁다'는 인식을 겪을 때, 아이는 불을 경험했다고 할 수 있다.

이처럼 사고는 경험을 의미 있게 만드는 작용이다. 여기에 단순한 행위를 넘어, 그 행위가 야기한 결과에 대해 성찰하는 반성적 사고 과정이 포함된다. 사람들은 일반적으로 시행착오를 통해 이것저것 주먹구구식으로 행해 본다. 그렇게 하다가, 어쩌다 원하는 결과가 나오면 이후에는 이 결과를 가져온 행위를 하게 된다. 하지만 그 결과는 요행에 의한 것일 수도 있고, 운이 따른 것일 수도 있고, 다른 원인에 의해 생겨난 것일 수도 있다. 원인과 결과에 대한 진지한 고민 없이, 시행착오에 의해 나타난 결과를 신뢰하는 것은 진정한 사고가 아니다. 원인과 결과 사이의 연결에 대한 고민이 다름 아닌 사고다. 특정한 결과를 낳는 특정한 요인이 무엇인지를 안다면, 요행이 아니라, 그 일의 이치를 예측할 수 있는 행위를 할 수 있다. 이처럼 사고는 우리가 하는 일과 그것에서 나오는 결과 사이의 관련을 '구체적으로' 파악함으로써 양자가 연속적인 것이 되도록 하려는 의도적 노력을 가리킨다(DE: 11).

미래지향적 객관적 사고

그렇다면 사고는 인간에게 어떤 역할을 하는가? 인간은 사고를 통해 무엇을 얻는가? 인간은 사고를 함으로써 그가 추구하는 목적에 대한 예측을 담고 행동할 수 있다. 무엇이 일어날지 추리하고 가설적 결론을 가지고 행위를 할 수 있는 것이다. 이런 점에서 사고는 인간에게 본질적으로 주어져 있는 것이라기보다 삶의 문제 상황에서 '사고가 어떻게 기능하고 있느냐'를 인식하는 것이 중요하다(김경희, 2005: 129). 사고는 불안정한 현재 상태에서 시작되고, 미래에 일어날 결과에 대한 관심에서 나온다. 이러한 측면에서 사고는 미래지향성을 띤다. 그런 사고는 소수의 자유인만의 것이 아니다. 배움의 과정에 있는 사람이라면 누구나 경험할 수 있다.

> 사고는 현재 밝혀지지 않은 것에 대한 모색이자 추구다. 우리는 때때로 '독창적 연구'라는 것이 과학자나 아니면 적어도 높은 수준의 공부를 하는 학생들의 전유물인 것처럼 말한다. 그러나 일체의 사고는 연구이며, 모든 연구는 이 세상 모든 사람들이 확실히 알고 있는 것이라 하더라도, 어떤 사람이 아직 그것을 찾으려 하고 있다면, 그 사람에게는 독창적인 것이다(DE: 11).

사고는 '안다'와 '알지 못 한다' 사이에 존재하는 영역, 즉 '알아내려고 한다'는 영역에 속한다. 그것은 자신이 알지 못하는 영역에 대한 진지한 탐구다. 이미 알려져 있는 사태라 할지라도 내가 모르는 것에 대한 관심이자 모색이다. 쉽게 말하면, 어떤 대상에 관한 호기심이자 사물에 다가서며 그것을 파악하려는 노력이다.

사고를 통해 내리는 결론은, 실제 사태에 의해 최종적으로 확인되기 전까지, 그것은 어느 정도의 잠정적 가설에 불과하다. 실제 사태가 일어나기 전에, 사실에 의해 확인되기 전에, 결론을 최종적인 것처럼 선언하는 것은 부당하다.

희랍 사람들은 '배운다는 것이 어떻게 가능한가?'라는 단도직입적인 질문을 하였다. 우리가 배우려고 하는 것이 무엇인지는, 이미 알고 있건 모르고 있건 둘 중의 하나다. 그런데 어느 경우라 하더라도 '배우는 것이 가능하지 않다'는 것이다. 전자의 경우에는 우리가 이미 알고 있기 때문에 배울 필요가 없다. 후자의 경우에는 우리가 무엇을 찾아야 할지 모르고, 또 우연히 그것을 찾게 된다 하더라도 그것이 우리가 찾으려고 했던 것인지 모르기 때문이다. 이 딜레마는 '알게 된다'는 것, 즉 배운다는 것이 차지할 자리를 남겨두지 않는다. 거기서는 오직 완전히 아는 것과 완전히 모르는 것만 있다고 생각한다. 그러나 양자 사이에는 둘 가운데 끼어들어 무언가를 모색하는 어슴푸레한 영역, 이른바 사고가 있다. '가설적' 결론, 혹은 '잠정적' 결과가 존재할 수 있다. 희랍인의 딜레마는 이런 사실을 간과하였다.

인간은 가설을 형성하여 그 안내에 따라 잠정적인 탐색 활동을 하면서 그 활동의 전개에 의해 이전의 가설을 확인, 폐기 또는 수정하였다. 희랍인들은 지식을 학습보다 우위에 두었지만, 현대 과학은 보존된 지식을 학습의 수단, 발견의 수단으로서 매우 중요시한다(DE: 11).

듀이는 희랍인들이 이행했던 지식 습득의 방식을 경계한다. 지식을 사고의 우위에 두었던 시선을 반박한다. 그것은 사고를 통해 지식이 활용되고 수정될 수 있다는 주장이다. 우리가 의심의 여지없이 받아들이는 것, 우리가 서로서로 또 자연과 상호작용하는 가운데 당연한 사실로 받아들이는 것을, 그 시점에서의 '지식'이라고 부른다. 이와 달리, 사고는 의심 또는 불확실성에서 시작한다. 지식은 통달이나 소유된 것을 가리킨다. 그러나 사고는 탐구하고 탐색하며 추구하는 태도를 나타낸다. 사고의 비판 과정을 통해 참된 지식이 수정·확장되며, 실재에 관한 우리의 확신이 재조직된다(DE: 21). 이처럼 듀이는 지식과 사고에 대해 유연하고 열린 태도를 보인다.

탐구를 거치는 사고는 주관과 객관이 동시에 존재한다. 사고가 시작될 때 인간은 알려고 하는 자신의 관심을 지녀야 한다. 이런 점에서 사고는 편파적이다. 주관성을 띤다. 동시에 제대로 알기 위해서는 그 사태로부터 떨어져 나와 객관적으로 사태를 바라보아야만 한다. 예컨대, 꽃집을 경영하는 사람은 경제적 이익을 추구하므로 매출을 올리려는 데 신경을 쓰며 시장조사를 한다. 그것은 일종의 주관적 편파성이다. 그러나 꽃집의 명성과 보다 나은 이익 추구를 위해서는 주관적 편파성을 잠시 보류해야 한다. 꽃집을 찾을 사람들의 기호나 소비 패턴에 대해 최대한 객관적으로 탐구해야 한다. 이것이 바로 객관적 시선이다. 이처럼 주관과 객관이 함께 만날 때, 진정한 사고 작용이 이루어진다.

사고의 단계, 반성적 사고

듀이의 사고 작용을 구명하기 위해서는 사고와 행위의 관계를 깊이 이해해야 한다. 그것은 '습관화'라는 사고의 핵심 개념을 인식하는 관건이기 때문이다. 서구 전통 철학의 심신이원론에서는 신체 활동과 사고는 분리되는 것으로 생각하였다. 신체 활동은 겉으로 드러나는 행위를 중심으로 하고, 사고는 내면적인 관념의 형성으로 이루어지는 것으로 이해하였다. 행위 중심의 신체 활동으로 인해 몸에 배어 있는 습관의 경우, 어떤 행위를 반복함으로써 사고를 필요로 하지 않는 행동, 즉 사고 없이도 자동적으로 하게 되는 행위를 가리켰다. 그러나 듀이는 행동뿐만 아니라 사고 또한 습관이 될 수 있는 것으로 본다. 사고와 긴밀하게 연관되는 지각이나 인식, 상상, 회상, 판단, 추리작용 등은 모두 습관의 기능, 습관의 형성과 작용, 그리고 습관의 중단과 재조직을 나타내는 것들이다. 물론, 습관이 스스로 무엇을 인식하거나 스스로 사고하고 관찰하고 기억하지는 못한다(이주한, 2003a: 200).

심신이원론에서 벗어나면, 사고와 습관은 반성적 사고의 습관화라는 개념으로 연결될 수 있다. '반성적 사고'는 '성찰적 사고' 혹은 '반향적 사고' 등 번역 용어에 따라 약간의 뉘앙스 차이가 있다. 핵심은 사고의 양식이 단선적이고 직선적으로 끝나버리는 것이 아니라, 지속적인 성찰의 과정에서 끊임없이 제기되는 문제 상황이 역동적으로 살아 있다는 점이다. 그것은 이 세계가 하나의 유기체이자 생명체로서 생동감 있게 전개되기에 언제 어디서나 살아 움직이는 사고를 유발하고 인도한다는 의미다. 즉 세상 자체가 사고의 역동성과 생명력, 변화를 담고 있다. 그것이 '반성적(reflective)'이라는 의미이자, 과거의 박제된 사고의 집적물인 소오트(thoughts)가 아니라 현실에서 구체적으로 진행되고 있는 사유의 유동성인 싱킹(thinking)이다. 이 반성적 사고의 습관화는 습관 형성에서 단순히 행위적 차원에만 관계하는 일반적 개념과는 달리 사고의 차원으로까지 확대된다(임현식, 1998: 67-68).

그렇다면, 사고는 어떤 단계를 거치는가? 듀이는 이에 대한 답변으로 문제해결을 위한 다섯 단계를 내놓았다. 이 다섯 단계는 "문제의 인식-잠정적 결론의 예측-상황에 대한 관찰-논리적 정련-능동적 실험에 의한 가설의 검증"으로 요약된다(DE: 11). 이는 현재까지도 경험 연구(empirical research)의 기본적 논증 틀로 여겨지고 있다.

그러나 이 사고의 다섯 단계는 듀이의 저작에서도 약간 다른 양상을 보인다. 『민주주의와 교육』에서는 '①문제의 인식-②잠정적 가설의 형성-③현재 사태의 조사-④가설의 정련-⑤가설의 검증' 순으로 표현된다. 반면에 『우리는 어떻게 사고하는가』에서는 '①문제의 인식-②문제의 위치와 정의 규정-③가능한 해결방안의 제안-④제안점에 대한 추론 전개-⑤실험을 통한 가설의 검증' 순으로 설명한다. 동일하면서도 뉘앙스 차이가 있는 양상에서 고려할 것은 '잠정적 가설의 설정' 단계가 때로는 2단계로 혹은 3단계로 설정된다. 여기에서는 나중에 저술된 『민주주의와 교육』에서 제시한 사고의 단계를 기준으로 설명한다.

첫 번째 단계는 '문제 인식'이다. 이 제1단계는 아직 문제의 성격이 충분히 파악되지 않은 불완전한 사태에 처하여 우리가 느끼는 곤혹, 혼란, 의심이다. 문제 인식은 문제 상황에 대한 인식으로, 그 특징은 한 마디로 '불확실성(uncertainty)', 또는 '불확정성'에 있다. 현재의 상황이 개인의 현재 행동에 일정한 방향성을 주지 못하고 혼란이나 갈등을 야기하는 것을 의미한다(김무길, 2004: 7). 그런데 이 상황은 부분적 개별 대상들과 사건들로 구성되는 통합된 전체를 의미하고, 구체적인 실제의 개별화된 단위 상황들을 가리키는 것으로 개별성과 다원성을 특징으로 한다(양은주, 2001: 125-127). 이런 문제 상황의 과정에서 진실하고 실제적 문제는 그것을 만난 주체에게는 절실한 사안이다. 따라서 허구적이거나 인위적 문제와는 대비된다. 실제적 문제는 주체를 심리적으로 불안하게 만들며, 문제를 해결하려는 강한 필요성을 일으킨다.

두 번째 단계는 '가설 예견'이다. 이 제2단계는 주어진 요소에 관한 잠정적 해석 및 그것이 가지고 올 결과에 대한 예측이다. 제1단계의 심리적 불안감을 벗어나기 위해 문제를 다양하게 검토하면서 여러 가설을 세워보는 단계다. 이때 가설은 한 가지만 가능한 것이 아니다. 과거로부터의 경험과 지식을 바탕으로 여러 종류의 가설을 세울 수도 있다.

세 번째 단계는 '상황 관찰'이다. 이 제3단계는 문제의 성격을 규정하고 명료화하는 데 도움이 되는 모든 고려 사항을 세밀하게 조사하여 탐색하고 분석하는 작업이다. 즉 현재의 상태를 이지적으로 판단하고 조사하는 과정이다.

네 번째 단계는 '논리 정련'이다. 이 제4단계는 보다 넓은 범위의 사실에 맞도록 잠정적 가설을 보다 정확하고 일관성 있게 가다듬는 일이다. 이는 두 번째 단계에서 세웠던 가설을 논리적으로 정련하는 단계로 볼 수 있다.

다섯 번째 단계는 '가설 검증'이다. 특히, 능동적 실험에 의한 가설의 검증이다. 이 제5단계는 설정된 가설을 기초로 현재의 사태에 적용할 행동 계획을 수립하고, 예견된 결과를 일으키기 위해 실제로 행동을 함으로써 가설을 검증하는 것이다.

이러한 반성적 사고의 단계는 치밀한 탐구의 과정이다. 어떤 불확정적 상황을 확정적 상황이 되도록 세계와 자신을 조정하면서 존재론적으로 변형되는 유기체의 생명 활동을 지시한다(정순복, 2002: 295). 사고에는 언제나 일정한 탐구, 즉 '탐색' 활동이 동반된다. 탐색 활동을 통해 구성된 개념은 구체적 삶에서 어떤 실제 행동의 결과를 초래하는가에 따라 그 의미가 정해진다. 이러한 사고의 단계는 사고의 과정이자 지적인 행동의 과정이며 문제 해결의 과정이다. 이 모든 사고의 과정은 예외 없이 문제를 발견하고 그것을 해결하는 활동이다(한기철, 2005: 68). 문제의 인식, 즉 문제 상황에서 출발한 탐구 과정은 두 가지 종류의 '기능적 상관성'을 갖는 인식작용에 의해 발달한다. 하나는 사실적 제재를 다루는 '실재적 작용(existential operation)'이고, 다른 하나는 관념적 제재를 다루는 '개념적 작용(conceptual operation)'이다. 실재적 작용은 현재 주어진 사실적 자료를 관찰하고 지나온 경험과 관련하여 기억을 떠올리는 것뿐만 아니라, 서적이나 전문가를 통한 간접 정보를 수집하는 것 모두를 포함한다. 이는 문제 상황의 사실적 측면을 구명하고 문제 해결을 위해 제안된 가설들이 적절한지를 실제로 검증하기 위한 일련의 작용이다. 개념적 작용은 상징, 개념, 명제에 의거하여 아직까지는 경험에 실제로 주어져 있지 않은 것을 가설적 아이디어로 떠올리고 추론하고 관련짓는, '미지로의 도약'이라는 적극적 사고 작용이 포함된다. 실재적 작용과 개념적 작용은 대립적이거나 기계적 연쇄에 불과한 것이 아니다. 문제 상황의 해결이라는 단일 목적을 위해 기능적으로 상관되어 결합 관계를 이룬다(양은주, 2001: 129-130).

교육 상황에서 문제는 학생의 사고 능력 함양이다. 어떻게 하면 학생의 사고 능력을 길러줄 수 있는가? 앞에서도 언급했지만, 듀이는 20세기의 학교가 사고 훈련과 읽기, 쓰기, 작문, 그리기, 외우기 등과 같은 기술의 습득이나 역사와 지리 교과 등과 같은 정보의 습득을 서로 분리하여 가르치고 있다고 비판한다. 기술의 습득이 사고와 분리되어 있을 때, 교육은 기계적 반복 학습을 하고 있는 것에 불과하다. 그런 학습은 다른 사람의 권위적 통제에 구속될 수 있고 교육이 추구하는 궁극 목적과도 멀어진다. 따라서 사고 훈련은 기술 습득이나 정보 습득과 통합적으로 이루어져야 한다.

이러한 통합 교육은 학생들에게 사고할 수 있는 계기인 경험을 제공하는 것으로부터 실마리를 찾을 수 있다. 사고의 첫 단계는 구체적 경험이다. 이때의 경험은 어떤 일을 능동적으로 해보는 것, 그리고 거꾸로 그 행위의 여파로 일어나는 결과들을 엮어내는 작업이다.

수업 방법에서 근본적 오류는 학생들에게 이미 경험이 갖추어져 있다고 생각하는 것이다. 수학, 지리 등등, 학생 자신의 직접적 경험과 무관한 기성의 교과를 가지고 수업을 시작할 수 있다고 생각하는 데서 발생한다. 심지어 유치원 교육이나 아동을 주로 상대하는 몬테소리식 교육에서도, '시간을 낭비하지 않고' 아동에게 탁월한 지적 능력을 갖추도록 하겠다는 욕심에서, 아동에게 맞는 수준에서 이리저리 다루어 보는 일을 도외시하고, 성인들에게 익숙한 경험 자료를 직접 제시하며, 성인들이 만들어낸 지적 능력을 예시 자료로 보여주며 아동을 이끌어간다. 성숙의 수준을 막론하고, 새로운 자료에 대한 접촉은 첫 번째 단계에서 시행착오적 성격을 띨 수밖에 없다. 놀이에서나 일에서나, 개인은 자신의 충동적 활동을 수행하는 데 주어진 자료를 가지고 실제로 무슨 일인가를 해 보아야 한다. 그리고 난 뒤, 자신의 에너지와 주어진 자료의 에너지 사이의 상호작용을 주시해야 한다. 아동이 처음에 나무토막을 쌓을 때 하는 일이 바로 이것이며, 과학자가 실험실에서 낯선 물체로 실험을 할 때 하는 일도 마찬가지다(DE: 12).

그렇다면 아동들이 사고 훈련을 할 수 있도록 어떤 종류의 경험을 줄 것인가? 학생들에게 사고를 일으키기 위해서는 학생들에게 무언가 '배울 내용'을 주는 것이 아니라, 무엇인가 '할 일'을 부과해야 한다. 이때 '할 일'은 반드시 '사고', 즉 관련된 것을 의도적으로 파악하는 행동을 하지 않으면 할 수 없는 그런 종류의 일이다. 그렇게만 하면 학습은 저절로 진행된다.

학생들에게 제시하는 사태가 반드시 사고를 일으키는 그런 종류의 사태여야 한다는 것은, 물론, 그 사태에서 해야 할 일이 기계적이거나 변덕스러운 것이 아니어야 한다. 다시 말하면, 무엇인가 새로운 것, 불확실하고 문제가 되는 것이 있으면서도, 여태까지의 습관과 충분한 연결을 맺고 있어서 효과적인 반응을 불러일으킬 수 있어야 한다. 효과적인 반응이라는 것은 확실한 결과를 이룩하는 반응을 뜻하며, 이것은 활동과 그 결과가 정신적으로 연결될 수 없는, 순전히 아무렇게나 되는대로 하는 활동과는 구별된다. 따라서 학습을 유발하도록 계획된 사태나 경험에 대해 우리가 물어야 할 가장 중요한 사안은, 그것에 담긴 '문제'의 질이 어떠한지를 살피는 일이다(DE: 12).

문제는 학교교육이다. 학교는 학생들에게 이런 경험을 제공하고 있는가? 듀이의 판단은 대단히 부정적이다. 학교교육에서 학생들은 문제해결을 하고 싶도록 곤란을 느낄 여지가 없다. 일방적으로 정보를 받아들이고 재생하는 활동에만 집중한다. 그런데 무슨 문제해결을 위한 어떤 경험을 줄 수 있는가! 듀이는 다음과 같이 심사숙고한다.

질문 하나: 문제 이외의 또 다른 무엇이 있는가? 없는가? 그 문제는 모종의 직접 경험의 사태에서 자연적으로 우러나온 것인가? 아니면 학교 교과에 들어 있는 주제를 전달하는 목적에만 맞는, 현실과 동떨어진 고답적인 문제인가? 그 문제는 학교 바깥에서 하는 관찰, 실험과 같은 종류의 '해 보는 것'을 요구하는가?
질문 둘: 그것은 학생 자신의 문제인가, 아니면 원래 교사의 문제 또는 교과의 문제였던 것이, 오직 그것을 배우지 않으면 점수를 딸 수 없거나 진급을 못하거나 교사의 승인을 받을 수 없다는 이유에서 억지로 학생의 문제로 만들어진 것인가?
명백하게도, 이 두 질문은 서로 겹친다. 동일한 의미를 두 가지 방식으로 표현한 것이다. 다시 말하면, 그 경험은 학습자 자신의 것으로, 그 속에 포함된 관련을 자극하고 지도하며 추론과 검증으로 이끌 수 있는 그런 성격을 가진 것인가? 그렇지 않으면 그 경험은 외부에서 부과된 것으로, 학생의 문제는 오직 그 외부의 요구에 맞추기 위해 학습자의 것으로 된 것인가?하는 문제다(DE: 12).

사고를 일으키는 문제가 아닌, 문제를 위한 문제를 풀어야할 때, 학생들은 문제를 푸는 목적을 혼동한다. 진정으로 자신의 사고 훈련을 위해서가 아니라, 교사의 요구를 만족시키기 위해 문제를 풀게 된다. 예를 들면, 교사가 무엇을 원하는지 알아내는 것, 암송이나 시험 또는 외부적 품행에서 어떻게 하면 교사를 만족시킬 수 있는지를 알아내는 것, 이런 것이 학생의 문제로 된다. 학생은 학습을 한다. 그러나 학생 자신도 모르게, 학습의 대상은 이름 그대로의 진정한 '학습'이 아니다. 학교 체제와 학교 당국의 관례와 표준에 맞춘 그런 학습이 되어 버린다.

> 사고의 자료는 '생각'이 아니라, 행위이자 사실이고 사건이자 사물들 사이의 관계다. 사고를 효과적으로 실천하기 위해서는, 현재의 문제를 해결하는 데 필요한 자원으로서의 경험이 있어야 한다. 문제라고 해서 모두가 사고를 일으키지는 않는다. 어떤 문제는 사고를 압도하고 침몰시키고 좌절시킨다. 현재의 문제 사태가 과거에 다루어 본 것과 충분히 유사한 것이어서 학생이 그것을 다루는 수단을 다소나마 구사할 수 있어야 한다. 수업 기술의 핵심은, 새로운 문제의 곤란한 정도가 사고를 일으키기에 충분할 만큼 크면서도 동시에 너무 크지 않도록 해야 한다. 다시 말하면, 새로운 요소가 들어 있어 그 자체로 혼란이 야기되지만 그 혼란 중에도 해결의 실마리가 잡힐 정도의 낯익은 부분이 군데군데 반짝이도록 하는 데 있다(DE: 12).

문제는 학생 개인의 경험 자체가 학생이 가지고 있던 일종의 편견을 강화하는 기회가 될 때다. 손으로 음식을 먹는 인도 사람을 보고 '위생적이지 않다'는 경험을 했던 학생을 예로 들어보자. 인도인이 갠지스 강에서 목욕도 하고 그 물을 마시기도 하는 다큐멘터리 영화를 그 학생이 본다면, 인도인과 비위생적인 사안을 다시 연결 지을 수도 있다. 보다 큰 범주에서 보면, 인도의 힌두교에 관한 가치 체계와 문화를 접하지 않은 상태에서, 학생의 개인적 경험은 편견을 더욱 강화시킬 수도 있다. 그러나 그런 경험의 편견을 지나치게 걱정할 필요는 없다. 듀이는 직접적 경험과 관찰을 넘어선 인류의 축적된 지식, 타인의 전문적 지식은 독서나 설명을 통해 보충할 수 있다고 인식한다.

기억, 관찰, 독서, 통신, 인터넷, 교호 네트워크 서비스(SNS)등, 모든 것이 자료를 제공하는 통로가 된다. 이런 각각의 수단을 어느 정도 활용할 것인가? 그것은 눈앞에 닥친 문제의 구체적 사태와 성격에 비추어 결정해야 한다. 한편으로는 관찰하면서, 다른 한편으로는 독서와 설명을 필요로 하는 경우도 있다. 직접 관찰의 경우, 생생한 실감을 준다. 하지만 그것은 그것대로 약점을 지니고 있다. 개인의 직접적 경험에 의한 편협성은 다른 사람의 경험을 활용하여 보완할 수도 있다. 그런 능력을 습득하는 것이 바로 교육의 필수 부분이다.

그러나 이 모든 것은 자료의 하나로 제시되어야 한다. 그것은 사고 작용을 위한 조건이다. 문제는 책을 읽어서든지 남의 이야기를 들어서든지, 인터넷 사이트에서 검색을 했건 간에, 자료를 얻기 위해 남에게 지나치게 의존하는 것은 좋지 않다는 점이다. 책이건 교사건, 사이버 공간의 콘텐츠건 간에 다른 사람들의 의견은 학생들에게 오직 자료를 제시하는 데 그쳐야 한다. 그 자료를 문제에 맞게 해석하고 적용하는 것은 학생 자신이 해야 한다. 그런데도 다른 사람들이 해결책을 미리 알려줄 가능성은 상존한다.

그런 자료의 제시는 사고의 독창성을 저해한다. 사고에는 언제나 독창성이 포함되어 있다. 새로운 자료가 아니라 낯익은 자료일지라도, 그 자료를 다른 시각으로 바라볼 때, 독창성은 살아난다. 이는 세상에 알려지지 않은 법칙을 발견한 과학자나 발명가와 같은 존재에게만 국한된 사안은 아니다. 배우는 과정에 있는 학생들 모두가 이러한 발견자나 발명가로서 사고할 수 있다.

> 모든 사고는 지금까지 파악되지 않았던 여러 고려 사항들을 새로운 관점에서 조망하는 작업이다. 이런 점에서 독창적 성격을 띤다. 나무토막을 쌓는 방법을 발견하는 세 살짜리 아이나, 300원과 700원을 합하면 얼마가 된다는 것을 알아내는 여섯 살짜리 아이는, 세상의 모든 사람이 그것을 알고 있다 하더라도, 그들 수준에서는 진정한 발견자다. 거기에는 경험의 진정한 증대라고 할 만한 것, 다시 말하면, 또 하나의 행복을 기계적으로 추가하는 것이 아닌, 질적 변화에 의한 증대가 존재한다(DE: 12).

듀이가 '창조적 발견'으로서의 사고를 강조하는 까닭은 그것이 가진 효과나 흥미 때문만이 아니다. 인식론적으로 듀이는 '한 사람의 사고나 아이디어가 다른 사람에게 전달될 수 없다'고 생각한다. 사고나 아이디어는 전달될 수 있는 것이 아니라, 스스로 문제를 마주하고 해결하려고 모색하는 과정에서 일어난다. 따라서 부모나 교사가 할 수 있는 일은, 아이가 사고를 자극할 수 있도록 상황을 만들어주고, 아이와 함께 공동 경험에 들어가 아이의 활동에 대해 공감하는 것이다. 그렇다고 부모나 교사가 아이에게서 멀찌감치 떨어져서 방관해도 좋다는 뜻이 아니다. 기존의 교과를 제공해 주고, 그것을 얼마나 정확히 재생하는가를 확인하는 작업에 대한 대안은, 가만히 있는 것이 아니다. 아이의 관심에 참여하여 함께 활동하는 것이다.

함께 활동하면서 경험한 학습의 내용은 어떤 것일까? 지식의 증대에 불과한가? 실생활에 응용되는 것인가? 학생이 학습한 내용을 실생활에 적용하는 것은 학교교육에서 중요하게 다루어진다. 하지만 이는 배운 것을 확인하는 차원에서 부차적으로 혹은 부가적인 응용의 방법으로 취급된다. 이에 대한 듀이의 처방은 사뭇 다르다. 기초를 먼저 배우고 응용은 나중에 배워야 한다는 전통적 학습 공식은 해체된다. 듀이는 사고를 적용하는 것이, '안 해도 되고, 하면 더 좋은' 부가적 활동이 아니라, 학습의 일차적인 부분이 되어야 한다고 역설한다.

사고가 오직 사고에 그친다면 그것은 불완전하다. 기껏해야 그것은 잠정적인 것이고, 제안이나 시사에 지나지 않는다. 그것은 경험의 사태를 처리하는 입장과 방법을 나타낼 뿐이다. 그러한 사태에 실제로 적용되기 전에는 그것은 아직 완전한 현실적 의미와 의의를 가질 수 없다. 적용만이 그 타당성을 검증하며, 검증만이 그 완전한 의미와 현실감을 부여해 준다. 아직 활용해 보지 않는 상태에서 그것은 그 자체의 독자적 세계에 격리되어 있다.

학교에서 배우는 교과가 일상의 문제와 떨어져 있다는 문제는 이중의 결과를 낳게 된다. 첫째, 일상의 경험이 당연히 학교 공부로 말미암아 보다 풍부한 의미를 가져야 하는 데도 그렇게 되지 않는다. 둘째, 학습 자료에 관한 이해와 소화가 덜된 상태를 그대로 받아들이고 그 상태에 늘 젖어 있어, 그 태도가 사고의 활력과 효율성을 약화시킨다(DE: 12).

사고는 교육적 경험의 방법이 된다. 사고의 습관을 형성하도록 하는 교육은 사고의 다섯 단계인 '문제 인식-가설 예견-상황 관찰-논리 정련-가설 검증'을 밟아 나가는 것과 유사성을 띤다. 그 5단계를 다시 정돈하면, 첫째, 학생은 진정한 경험 사태를 당면해야 한다. 그것은 학생이 그 자체로서 관심을 가지는 계속적 활동이 일어나야 한다는 데 초점이 맞춰진다. 둘째, 이런 사태 안에서 사고를 일으키는 자극으로서의 진짜 문제가 생겨나야 한다. 셋째, 학생이 그 문제를 다루는 데 필요한 정보를 가지고 있고 관찰해야 한다. 넷째, 해결의 방안이 떠오르면 학생은 그 방안을 체계적으로 정립해 나가야 한다. 다섯째, 학생은 그 사고를 실제로 적용하여 그 사고의 의미를 분명히 하고 그 타당성을 스스로 확인해야 한다.

요컨대, 사고는 어떤 사건과 그 결과 사이의 관련성을 파악하는 작업이다. 그러기에 사고는 우리가 행위를 통해 경험하는 가운데 작용하고, '가설-검증'의 틀을 가진다는 점에서 미래지향적이다. 인간의 관심으로부터 탐구를 시작한다는 점에서 사고는 편파적이다. 하지만 사실을 알기 위해 최대한 객관적 거리를 유지해야 한다는 파라독스(paradox)를 가지고 있고, 행위처럼 습관화 할 수 있다.

이제 우리의 사고를 고려하자. 사고는 '문제의 인식-잠정적 가설의 설정-관찰과 조사-가설의 정련-실험과 행위를 통한 가설의 검증'이라는 다섯 단계로 이루어진다. 우리는 사고 능력을 기르기 위해, 교육에서 이러한 사고의 특성을 반영해야 한다. 우리는 우리 앞의 문제 상황을 직시하되, 그 문제가 우리의 실생활과 관련되어, 문제에 관심을 가질 수 있게 해야 한다. 우리는 직접적 관찰과 독서와 설명을 통한 지식을 바탕으로, 스스로 가설을 설정하고 조사하고 탐구하는 기회를 확보해야 한다. 이것이 우리 삶을 풍부하게 만드는 성장의 원천이요 동력이며, 아름다운 삶의 과정이다.

주제 8: 지식, 경험의 자유로운 활용

전통 지식체계 비판

앞에서도 여러 번 언급한 것처럼, 듀이는 서구의 전통 철학이 강조하던 이원론에 회의적이었다. 그리고 신랄하게 비판했다. 아니, 기존의 이원론적 사고에서 벗어나 새로운 방법을 채택했다는 표현이 적절하다. 특히, 교육에서 지식의 문제를 다룰 때 그런 부분이 확연히 드러난다.

과거 교육에서 지식에 관한 논의는 대부분 전통 철학의 인식론으로부터 끌어왔다. 그리하여 지식의 본질에 관한 논의가 인간의 지식 획득 과정에 관한 논의보다 우선되었다. 전통적 인식론에서는 형이상학적 실재(reality)를 상정하고, 그것과 우리의 의식이 대응될 때 참된 지식이 획득되는 것으로 이해한다. 이때 실재와 진리는 영원히 존재하는 절대적인 것이다. 그리고 인간의 과업은 그것을 어떻게 알아내는가의 문제로 집중된다. 따라서 진리를 인식했다는 것은 다름 아닌 정신적 능력이 향상되었음을 의미했다. 이런 사유에서 도출되는 교육은 절대적이고 불변하는 진리, 혹은 참된 지식이 중심이 되고, 그것을 어떻게 선정하고 조직하여 학생에게 전달하는가라는 교수 방법에 관심을 가지게 된다.

그러나 듀이는 그것을 정면으로 반박했다. 지식의 본질과 지식의 획득 과정에 관해 전통적 인식론과는 전혀 다른 길을 모색했다. 듀이는 먼저, 형이상학적 실재를 상정하는 것 자체를 거부했다. 실재의 파악과 관련된 전통적 인식론은 인간이 지식을 획득하는 과정에 관한 과학적 탐구의 논리 또는 반성적 사고의 논리로 대체되어야 한다고 주장했다. 앞에서 살펴본 것처럼, 탐구는 반성적으로 사고하는 것을 의미한다. 탐구의 논리가 적용된 사고인 반성적 사고는 우리가 실제 생활 속에서 경험을 통해 지식을 획득하는 효율적인 방법이다(노진호, 1996: 10-11).

듀이가 말하는 지식은 선험적인 것이 아니다. 인간이 환경과 상호작용하는 과정인 경험을 효율적으로 수행하게 만드는 수단이다. 또한 그 결과 획득된 것일 뿐이다. 때문에 듀이는 절규하듯 '철학의 개조'를 외쳤다. 형이상학, 그리고 그것과 관련 맺고 있던 인식론과 가치관은 모두 새로운 방법론에 의해 개조되어야 한다! 그것은 다음과 같은 주장에서 고스란히 드러난다(RP: 2). 학자들이 무기력하게 묵종(黙從)하고 앵무새처럼 암송(暗誦)하던 기존의 지식 체계를 생각해 보라. 그것은 두 부분으로 구성되어 있다.

하나는 우리 선조들이 저질렀던 오류에서 유래했다. 그리스 고대 철학에서 이어져 내려오면서 곰팡내를 풍기고, 고전적 논리학을 이용하여 사이비 학문으로 조직되어 왔다. 이들이 강조하는 '진리'는 사실 우리 선조들의 오해와 편견을 체계화한 것에 불과하다. 그 중 상당수는 우연히 생겨났으며, 또 상당수는 계급적 이익과 편견을 담보하고 있다. 때문에 그런 권위를 통해 영원한 생명을 얻었다. 이 '생득관념(生得觀念)'의 사고방식을 빌린 학설은 이미 몇몇 사상가로부터 공격을 당하기도 했다.

다른 하나는 의식적으로 비판적 논리학의 공격을 받기 전까지, 기존의 지식은 정신에 위험한 편견을 계속 주입하는 인간 정신의 본능적 경향에서 유래했다. 인간의 정신은 실제로 존재하는 것 이상의 단순성, 획일성, 통일성을 모든 현상에서 찾아내려고 한다. 인간의 정신은 표면적 유사성을 더듬어서 결론을 내는 곳으로 비약한다. 그것은 세부적인 다양성이나 예외적인 존재의 실재를 간과한다. 그 결과 인간의 정신은 완전히 자기 내부에서 형성된 거미집과 같은 것을 억지로 자연의 세계에 적용한다. 과거에 학문이라고 불리던 것은, 인간이 만들어서 억지로 적용한 거미집으로 구성되어 있다. 사람들은 자신의 정신이 낳은 작품을 감상하면서, 자연 속의 실재를 보고 있다고 착각했다. 사람들은 스스로 만든 우상을 학문이란 이름으로 숭배하고 있었다. 이른바 학문도, 철학도, 자연에 관한 이러한 '예단(豫斷)'으로 성립되었다.

지식의 얼개를 구성하는 전통적 논리학, 그것은 오류의 가능성을 지닌 자연적 원천으로부터 인간을 구해 냈다. 대신, '통일성-단순성-보편성'이라는 거짓된 합리성이 자연에 존재한다고 믿었다. 바로 이런 망상의 원천을 승인해 버렸다는 점이 전통 논리학의 최대 결함이다. 그러기에 이제 새로운 지식의 체계, 논리학을 간절하게 요청한다. 새로운 논리학의 역할은 정신을 정신 자체로부터 보호하는 작업이다. 무한히 다양하고 특수한 사실로부터 오랫동안 참을성 있게 배우는 법을 가르치는 일이다.

전통적 인식론

듀이는 『민주주의와 교육』의 제25장 '인식의 이론'에서 계속성과 이원론, 그리고 인식 방법을 다루는 학파들의 문제를 서술했다. 여기에서 제시한 이론은 '계속성'을 전제로 한다. 그러나 그가 비판하고 있는 다른 이론들은 기본적으로 분열(혹은 분리나 대립), 전문적 용어로는 이원론을 분명히 말하거나 암시하고 있다. 이러한 분열이 존재하는 이유는 간단하다. 집단 내부에는 몇 개의 사회집단과 계급을 구분하는 단단한 장벽에 있으며, 이 장벽이 집단이나 계층 사이의 자유로운 교류를 가로막고 있다고 보기 때문이다. 사회에 분열이 존재한다는 것을 인정하고, 철학이 경험을 있는 그대로 설명하는 것이라면, 이러한 사회적 조건에서 나오는 철학은 이원론의 성격을 띨 수밖에 없다.

듀이는 철학이 이원론으로부터 벗어났다 하더라도, 결국은 초월적 영역으로 도피함으로써 그것을 극복할 수 있다고 생각한다. 때문에 다시 이원론의 영역으로 되돌아가게 되어 있다. 이런 이론은 이 세계를 단순한 외양으로 보고, 우리가 도달할 수 없는 실재의 본질과 그 외양을 구분하는 데서 생겨난다.

이원론적 사고는 교육 체계에도 큰 영향을 미쳤다. 오늘날의 교육 체계는 전체적으로 볼 때, 서로 다른 목적과 방법을 가진다. 인식론과 관련된 몇 가지 대립적인 견해들을 살펴보면 다음과 같다(DE: 25).

a. 경험적 인식과 이성적 인식의 대립

경험적 인식은 일상과 관련된 것으로 실용적이고, 교양적 의미가 결여되어 있어 경시되고 있다. 반면, 이성적 인식은 그것을 추구하는 것 자체가 바로 목적으로, 이론적 통찰을 얻는 것으로 끝나야 한다. 이러한 개념들의 사회적 차이는 노동계급이 사용하는 지성과 생활 문제와는 거리가 먼 지식계급이 사용하는 지성의 차이에서 연유한다. 철학적 관점에서 보면, 경험은 고립된 특수 사례의 집합이다. 그 각각에 대한 지식은 따로 접함으로써 알게 된다. 반면, 이성은 보편적인 것, 일반적 원리나 법칙을 다루는 것으로, 구체적 세부 사항들의 혼란에 영향을 받지 않는다. 이러한 구분이 교육에 적용될 때, 학생들은 수많은 정보들을 배워야 하는 동시에 일정한 수의 법칙과 일반적 관계를 배워야 한다. 이 두 가지 세계는 서로 완전히 분리되어 있고 독립된 각각의 세계다.

b. '학습'의 두 가지 의미에 나타나는 대립

그 두 가지 의미는 '학문'과 '학습'으로 정리할 수 있다. 학문은 책이나 학자들을 통해 전해지는 것과 같은, 알려진 지식의 총화다. 이는 외적인 것이다. 따라서 진리는 이미 완성된 것으로 어딘가에 존재한다. 이런 의미에 비춰볼 때, 학문은 축적되어 있는 것을 꺼내어 익히는 과정이다. 반면, 학습은 공부할 때 하는 '활동'을 가리킨다. 이는 개인의 일이다. 이 부분에서 이원론은 객관적 지식과 주관적이고 정신적 인식의 대립이 된다. 즉 이미 완성된 진리의 체계가 있고, 다른 쪽에는 인식 능력을 갖춘 이미 완성된 마음이 있는 것이다.

c. 능동성과 수동성에 관한 인식

경험적이고 물질적인 사물은 일반적으로 인상을 받아들임으로써 인식된다고 생각된다. 반면, 이성적 인식이나 정신적 사물에 대한 지식은 마음의 내부에서 발동되는 활동에서 나오며, 감각이나 외적 사물과 만나지 않고 멀리 떨어져 있을 때, 보다 잘 수행된다. 이러한 구별은 감각 훈련이나 실물 교육, 실험실에서의 실습과 책 속에 들어 있는 순수한 관념과의 구별로 나타난다.

d. 지성과 정서의 대립

지성은 사실과 진리를 파악하는 것이고, 정서는 순전히 개인적인 것이다. 지성은 진리를 향해 밖으로 눈을 돌린다. 반면, 정서는 개인적 득실을 따진다. 이런 점에서 이들은 아무런 관련이 없다. 듀이는 이러한 대립에 의해 교육에서 고의로 관심이 줄어드는 동시에 알아야 할 진리에 그 지성을 적용하려는 마음이 들게 된다고 인식한다. 그리하여 교육내용과 무관한 외적 상벌의 힘을 빌리는 것이 대부분의 학생들에게 실재로 필요한 일이 되었다고 본다. 이러한 대립은 결국 인식과 행위, 이론과 실천, 행동의 목적이자 정신인 마음과 행동의 기관이자 수단인 신체의 구분으로 귀결된다.

이러한 이원론적 사고는 결코 타당하지 않다. 그것은 계속성의 원리에 의해 대체되어야 한다. 그 이유는 다음과 같다(DE: 25).

첫 번째, 이제는 생리학도 발달하였고, 그것과 관련된 심리학도 발달하였기에, 이분법적 인식에 대해 과학적으로 고민해야 한다. 인간의 신경계와 활동에 대해 알 수 있게 된 것은 심리학의 발달 덕분이다. 인간의 모든 신경 조직은 여러 신체 기관들이 서로 상호작용하여 반응하는 기관이다. 인식은 신경 조직과 관련되어 있다. 신경 조직은 새로운 상황에 대처하기 위해 활동을 끊임없이 재조정하는 것과 연관된다. 이런 사실의 의미를 진정으로 이해하는 사람이라면 누구든, 인식이 모든 활동과 고립되어 그 자체로서 완전한 것이 아니라, 활동의 재조직과 관련되어 있음에 의문을 품지 않을 것이다.

두 번째, 생물학의 발달로 인한 진화론의 출현이다. 진화론의 철학적 의미는 단순한 유기체에서 복잡한 유기체, 그리고 인간에 이르기까지 유기체와 유기체 사이가 연속적이라는 점을 강조하는 데 있다. 이러한 유기체의 진화 이론은 생물도 세계의 한 부분으로서 세계와 함께 변해가고 운명을 같이 한다는 것, 그리고 그 주위에 있는 사물과 자신을 지적으로 동일시하며, 현재 진행되는 일이 앞으로 어떤 결과를 가져올지 예상하고 그에 따라 활동을 조정해 나가야 한다는 것을 말해준다.

세 번째, 지식을 얻고, 또 그 지식이 단순한 의견이 아닌 확실한 지식임을 보장하는 방법으로서의 실험적 방법이 인식론에 변화를 가져온 하나의 중요한 힘이다. 이 실험적 방법에는 두 가지 측면이 있다. 하나는 우리의 활동이 실제 사물에 물리적 변화를 일으키고, 그 변화가 우리의 생각과 일치하여 그것을 확인해 주는 경우가 아니라면, 그 무엇도 지식이라고 부를 수 없다. 다른 하나는 사고의 실험적 방법은 사고가 도움이 되었다는 것, 그리고 그 도움은 현재의 상황을 철저하게 조사한 것을 근거로 앞으로 일어날 결과를 예측하는 데 있음을 의미한다. 실험적 방법의 의미를 잘 이해할수록 우리가 직면하는 물질적 수단과 장애를 다루는 일정한 방법을 시험하는 과정에, 이전에 지성을 사용한 경험이 보다 많이 포함된다. 이러한 실험적 방법의 영향력이 커짐에 따라 학교도 변화한다. 과거에 학교를 지배했던 문헌적·변증적·권위적 신념 형성의 방법을 추방하는 세력이 강해진다. 아울러 시간적으로는 더욱 먼 미래에 미치고, 공간적으로는 보다 넓은 범위의 사물을 전개하는 목표에 이끌린다. 또한 학교의 위상이 사물과 인간의 활동적 관계를 얻는 방법으로 옮겨갈 것이다. 따라서 인식론은 지식을 만들어내는 가장 유효한 실천에서 나와야 하고, 그 인식론은 더욱 효과적인 방법을 개선하는 데 이용될 것이다.

인식 방법을 다루는 학파들에 대한 문제를 다룰 때, 듀이는 스콜라 철학, 감각론, 합리론, 관념론, 실제론, 경험론, 선험주의 등의 학파들이 지식을 달성하는 데 가장 효과적인 방법에서 어떻게 이탈해 있는지를 고찰했다. 그것은 경험에서 지식이 차지하는 위치를 분명하게 드러내 준다. 이러한 학파들은 아직 존재하지 않는 일을 처리하는 데, 지식이 어떻게 도움이 되는지와 관계없이, 지식을 단지 그 자체만으로 완전한 것으로 본다. 듀이는 이를 강도 높게 비판한다. 특히, 학교에서 학생이 습득하게 되는 지식과 관련해 비판의 수위를 높인다.

학교에서 지식의 습득이라고 말하는 것을 생각해보면, 그 지식이라는 것이 과연 '학생들이 늘 마주치는 경험과 얼마나 의미 있는 관련을 맺었는가?' '어쩌다가 책에 실리게 된 내용을 그냥 받아들이는 것이 바로 지식이 아닌가?'라는 식의 생각이 얼마나 널리 퍼져 있는지 알 수 있다. 학생들이 배우는 내용이, 그것을 발견한 사람이나 거기서 도움을 얻은 경험이 있는 사람에게 아무리 진실한 것일지라도, 학생들에게도 그것이 올바른 의미의 지식이 되는 것은 아니다. 자신의 삶에 결실을 가져오지 않는 한, 그것은 저 우주의 화성이나 어떤 상상 속에 있는 나라의 일과 다름없다(DE: 25).

서구의 전통 철학 가운데 스콜라 철학의 방법은, 분별하고 구분하며 분류하고 정의하는 일을, 경험과 관련된 어떠한 목적도 없이, 그저 그 일 자체를 행하기 위해 하는 것이다. 이러한 방법론에 자리하는 사고는 그 자체의 형식을 갖춘 순수한 정신적 활동이다. 뿐만 아니라, 이 방법은 '모든 형식은 어떤 것에든 적용될 수 있다'고 보는 견해인 형식 논리의 토대가 된다.

교육에서 중요하게 다루는 '형식도야설'도 이 스콜라 철학의 방법에서 파생되어 나온 것으로 볼 수 있다. 형식도야는 서구 교육에서 오랫동안 학습의 전이를 기초로 하는 교육을 설명하는 이론이었다. 이 이론은 인간의 정신을 기억력, 상상력, 추리력, 주의력 등 여러 가지 능력의 결합으로 설명한다. 인간의 정신 능력은 신체 근육의 단련처럼 집중 훈련을 통해 연마된다. 따라서 교육은 특정한 기본 교과를 통해 마음을 단련하는 것에 무게중심을 둔다. 듀이는 이런 결정론적 사유가, 인간의 정신과 삶, 교육을 본질적으로 짚어내지 못했다고 인식한다.

서구 철학을 지배해 왔던 감각론과 합리론에 대한 비판도 마찬가지다. 듀이는 이 두 이론이 각각 특수적인 것과 일반적인 것, 즉 단순한 사실과 단순한 관계를 배타적으로 강조하는 입장에 해당한다고 설명한다. 두 학파는 모두, 오래된 경험을 새로운 경험에 적용하기 위한 경험의 재조직 과정에 감각적 자극과 사고를 반영하지 않았다. 또한 양쪽의 기능이 관계하고 있는 동시에 이것으로 생활의 계속성과 일관성이 유지된다는 사실을 인정하지 않는 오류를 범했다.

지식론

듀이는 전통 철학에서 이해하던 지식의 문제와 전혀 다른 견해를 제시한다. 지식의 기능은 어떤 경험을 다른 경험에서도 자유롭게 이용할 수 있는 것이다. 여기서 '자유롭게'라는 말은 지식과 습관의 본질이 지닌 차이를 분명하게 드러낸다. 습관은 일정한 한계 내에서 어떤 경험을 다음 경험에 도움이 될 수 있도록 하는 기능을 잘 수행할 수 있다. 하지만 지식이 결여된 습관은 상황의 변화나 새로운 것을 받아들일 수 없다. 따라서 습관은 자유롭게 이용할 수 없다. 반면, 지식은 일정한 상황에서 어떤 대상의 적용 가능성을 결정할 때, 그 대상이 지닌 모든 관련성을 파악한다.

기술자를 예로 들어 보자. 단순하게 습관적인 성향의 기술자는, 기계를 운영하는 과정에서 무언가 예상치 못했던 일이 일어날 경우, 어쩔 줄 몰라 한다. 그러나 기계를 이해하는 사람은 자신이 어떻게 해야 하는지 판단하고, 그 습관을 새로운 상황에 재적응시키도록 변화를 주어 문제를 해결할 수 있다. 일정한 상황이 벌어졌을 때, 대상을 어떻게 적용할 것인지 고민하면서, 그 대상이 지닌 여러 가지 관련성을 파악하려는 관심과 노력, 이것이 지식이다.

이상적이고 완전한 지식은, 과거의 어떤 경험도 새로운 경험에 나타난 문제들

을 해결하는 데 유리한 입장을 제공하는, 상호 관련된 망조직을 상징한다. 지식

이 없는 습관은 우리에게 단일하고 고정된 공격 방법을 주지만, 지식은 넓은 범

위의 습관에서 선택할 수 있는 것을 의미한다(DE: 25).

지식의 내용은 '이미 일어난 일', '이미 끝나거나 완전히 해결되어 확실

하다'고 생각되는 과거의 것이다. 하지만, 지식의 착안점은 '앞으로 일어

날 일', '이제 시작되거나 해결해야 할 불확실한' 미래에 존재한다. 왜냐하

면 지식은 '현재 진행 중인 일'과 '앞으로 해야 할 일'을 이해하고, 그것에

의미를 부여하는 수단을 제공하기 때문이다.

의사가 지니고 있는 지식의 경우, 그 지식은 본인이 직접 체험하거나

다른 사람이 확인하고 기록한 내용을 배워서 알아낸 것들이다. 그러나 그

것이 의사에게 지식이 되는 까닭은, 그가 직면한 미지의 일을 해석하고,

부분적으로 명확한 사실을 그것과 관련된 현상에서 보충하며, 그러한 사

실이 일어날 수 있는 미래를 예견하고, 그것에 맞추어 계획을 세우는 데

도움이 되는 수단을 제공하기 때문이다. 단순하게 의학적 지식을 알고 있

어서가 아니다.

지식이, 이해할 수 없는 사안에 어떤 의미를 주는 데 도움이 되지 않는

다면, 그것은 의식이나 인식에서 완전히 탈각해 버리거나, 그저 미적인 관

점의 대상이 되어 버린다. 지식이 세계에 대한 응용 가능성은, 이미 지나

간 것, 즉 과거에 대한 응용 가능성을 의미하지 않는다. 그것은 얽혀 움직

이는 장면에서 현재 진행 중인 것, 아직 해결되지 않은 것에 대한 응용 가

능성을 뜻한다.

우리는 이런 특색을 쉽게 간과한다. 이미 지나간 우리의 손에 닿지 않는 것에 대해 말하는 내용을 지식이라고 생각하는 것은, 우리가 과거와 미래의 연속성을 당연한 것으로 생각하기 때문이다. 과거에 대한 지식이, 미래를 예상하고 거기에 의미를 부여하는 데 전혀 도움이 되지 않는 세계를 상상할 수는 없다. 아니, 인간이라면 상상해서는 안 된다. 과거의 사실인 지식의 내용도 상당히 중요하다. 우리가 겪었던 과거와 다가올 미래에 대한 관련을 결코 무시할 수 없기 때문이다. 과거는 너무나 확고하게 들어 있기에 별도로 말할 필요가 없다.

> 지식은, 우리가 소유한 것, 엄밀한 의미에서 우리의 행동을 지적이게 하는 모든 습관인 우리의 지적 수단으로 이루어진다. 우리가 환경을 자신의 필요에 맞게 적응시키고, 우리의 목표와 욕망을 우리가 살고 있는 상황에 맞춰 적응시킬 수 있도록, 우리의 성향 속에 조직되어 있는 것만이 진정한 지식이다. 지식은 우리가 지금 의식하는 것만이 아니라, 지금 일어나고 있는 것을 이해하는 데, 우리가 의식적으로 사용하는 여러 성향으로 성립된다. 작용으로서의 인식은 우리 자신과 우리가 사는 세계와의 관련을 마음에 그림으로써, 혼란을 바로잡으려는 목적을 위해, 우리가 지닌 성향 몇 가지를 의식에 떠올리는 행위다(DE: 25).

이러한 듀이의 지식과 인식 방법에 관한 이론의 본질적 특징은, 의식과 환경을 의도적으로 변형시키는 활동을 연속적으로 유지하고 있다는 점이다. 특히, 민주주의는 원칙적으로 자유로운 교환, 사회의 연속성을 지지한다. 때문에 어떤 경험이 다른 경험에 방향과 의미를 주는 데 도움이 되도록 하는 방법이 지식 안에 들어 있어야 한다. 그것을 인정하는 인식론, 지식론만이 의미가 있다.

듀이는 지식의 학습과 관련하여, 그의 『경험과 교육』에서 '어떻게 하면 아동에게 과거를 잘 알게 하고, 그것이 생생한 현재를 이해하는 데 유력한 동인(動因)이 될 수 있게 할 것인가?'라는 질문을 심각하게 던진다. 이는 듀이의 지식론에서 매우 중요한 질문이다. 듀이는 과거의 지식을, 그 자체로 있는 그대로만 습득하는 것에 대해, 매우 비판적이다. 그러면서도 다른 한편으로는 과거 지식의 중요성을 강조한다. 기존의 이원론적 인식론을 부정하면서, 과거와 현재의 상호작용을 핵심에 두고 있다.

> 과거의 업적은 현재를 이해하는 데 사용할 수 있는 유일한 수단을 제공한다. 학습자는 과거에 깊이 박고 있는 뿌리를 더듬어 보지 않고 현재의 문제를 이해할 수 없으며, 그 문제를 잘 해결할 수도 없다. 다시 말하면, 학습의 목적은 미래에 있고 그 직접적 재료는 현재 경험에 있다. 그런 학습의 원리는, 오직 현재의 경험이 어느 정도 과거로 물러나느냐에 의해 그 효과를 나타낼 수 있는 것이다. 경험은 과거로 확대되는 만큼 미래로도 확대될 수 있다. 현재 우리의 제도나 관습, 혹은 사회악이나 혼란을 일으키는 제도나 관습 등은 결코 하루아침에 생겨난 것이 아니다. 그 배후에 긴 역사가 숨어 있다(DE: 6).

과거로부터 축적된 지식의 내용은 매우 중요하다. 듀이가 "과거에 관한 지식은 현재를 이해하는 열쇠다. 역사는 과거를 다루지만 이 과거는 현재의 역사다"(DE: 11)라고 말한 것처럼, 그에게 과거의 지식 내용은 교육에서 필수적이다. 그러나 듀이가 말하는 지식의 개념은 전통 교육에서 받아들여졌던, 그 자체가 목적이 되는 지식과는 엄연한 차이가 있다. 듀이가 중요하고 의미 있는 것으로 제시하는 지식은, 학습자의 경험과 생각이 개입되어 '교호작용'을 일으키게 될 때 발생한다. 개인의 삶이나 경험과 동떨어진 형태로 존재하는 지식 그 자체는 교육적 의미를 지니지 못한다.

> 정보를 뜻하는 것으로서의 '지식'은 장치의 탐구, 다시 말하면, 더 알아내고 더 배우고 하는 데 없어서는 안 될 자원이며 요긴한 자본이다. 그런데 흔히 그 자체가 목적처럼 취급되어서 그것을 축적해 가고, 또 필요할 때 그것을 내어 보이는 데만 주력한다. 이러한 냉동 저장물과 같은 고정적 내용을 지식의 이상으로 삼는 것은 교육적 성장에 큰 장애가 된다. 그것은 사고의 계기를 그냥 흘려버리는 것에 그치는 것이 아니고, 사고를 삼켜버린다(DE: 11).

듀이가 제시하는 과거의 지식 내용은 크게 볼 때, 두 가지 정도로 정돈할 수 있다(김무길, 2006: 14-18).

'과거의 지식은 학습할 만한 가치가 있다.' '과거의 지식은 현재 문제의 해결을 위한 수단으로 활용되는 한에서 가치를 가진다.'

이 두 가지는 상호 관계를 맺는다는 조건에서만 의미를 지닌다. 과거의 지식은 현재 문제해결의 수단으로 활용되거나, 혹은 현재 개인의 새로운 탐구 경험 속에 개입하여 재구성됨으로써 의미가 있는 것이다. 이런 점에서 '과거의 지식은 학습할 만한 가치가 있다'라는 말에서 시사되는 일반적 지식과 '과거의 지식은 현재 문제의 해결을 위한 수단으로 활용되는 한에서 가치를 가진다'라는 말에서 시사되는 문제해결을 위한 지식은, 상호 영향을 주고받는 기능적 보완 관계에 놓여 있다. 과거 지식 내용의 일반적 가치와 문제해결을 위한 지식의 가치는 분리되어 설명할 성질의 것이 아니다. 교호작용의 상황 속에 내포되어, 마치 하나의 덩어리처럼 용해되었을 때, 의미를 지닌다.

듀이는 외부에 존재하는 지식을 먼저 내세우고, 그러한 지식을 학습자가 일방적으로 받아들여 머릿속에 쌓아둔다는 기존의 지식 교육에 대한 시각을 거부한다. 그 방향을 거꾸로 하여 현재 학습자의 마음 전체와 교호작용을 하는, 맥락 있고 유의미한 삶의 상황 속에서 지식을 고려한다.

교호작용

듀이는 서구 전통 철학에서 강조한 이원론을 비판하며, 지식에서도 계속성과 연속성을 지지했다. 그런 가운데 듀이가 제안한 철학적 개념이 '교호작용(交互作用: transaction)'이다. 교호작용은 단편적인 물리적 상호작용(相互作用, interaction)과는 달리 상호 관계적 활동과 시공간상 광범위한 인식작용이라는 의미를 동시에 지니고 있기에, 우리말로 번역하기가 쉽지 않다(김무길, 2001: 76). 때문에 여러 연구자들이 '교섭작용(交涉作用)', '상관작용(相關作用)', '변성작용(變性作用)', '교변작용(交變作用)', '교호작용(交互作用)' 등 적합한 용어를 고민한다(노진호, 1995; 정순복, 1995; 박철홍, 1996; 김무길, 2001).

교호작용은 상호작용과 상당히 유사하면서도 결합과 융합, 교차와 교류의 차원에서 뉘앙스를 달리한다. 인간은 다른 모든 생명체와 마찬가지로 태어날 때부터 환경과 분리되어 있는 것이 아니라 서로 '상호작용'한다. 인간이 존재한다는 것 자체는 독립된 인간으로 존재하는 것이 아니라 상호작용 속에 존재하는 것이며, 상호작용하는 하나의 요소로 존재한다 (박철홍, 2008: 122).

여기에서 유의해야 할 것은 상호작용하고 있는 요소가 서로 분리되어 있는 것이 아니라, '하나로 통합되어 있다'는 '주체와 객체의 통합성'에 대한 이해다. 듀이가 강조하는 교호작용은 분리된 구성 요소들 간의 물리적, 행동주의적 상호작용이 아니다. 상호작용하는 양자 모두가 질적 변화를 일으키는 인식 작용이다. 동시에 시공간적 인식이 광범위하게 확대되는 지적 상호작용을 의미한다. 때문에 듀이의 교호작용은 단순한 상호작용과는 구분할 필요가 있다. 상호작용은 뉴턴의 역학이나 근대적 인식론에서 드러나듯이, 분리된 실제 간의 작용이다. 극이 다른 자석이 서로 떨어져 있다가 상호작용(reciprocal action)하여 서로 달라붙는 것과도 같다. 이때 상호작용하는 양자에는 질적 변화가 일어나지 않는다. 하지만 교호작용은 상호작용을 통해 양자 모두 질적 변화를 일으킨다(김무길, 2006: 9).

교호작용의 관점에서는 관찰의 범위가 시공간상으로 무한히 확대된다. 어떤 사건이나 대상을 본다는 것은 그 사건이나 대상 자체가 아니다. 시간적 존속 기간과 공간적 영역에 비추어 본 사건이요 대상이다. 이러한 교호작용의 관점은 고정적이고 정태적인 단순한 상호작용의 수준을 벗어나 있다. 어떤 사건이나 대상을 시간적으로 연장하고 공간적으로 확대한, 아주 광범위한 맥락에서 파악하는 것이다. 이런 시각은 관례적으로 분리된 것으로 보이는 대부분의 것들을 폭넓은 안목에서 상호 결합적으로 볼 수 있도록 해 준다. 한 마디로 말하면, 어떤 대상이나 사건을 '맥락적 전체'로 볼 것을 요구한다. 어떤 대상이나 사건을 맥락적 전체로 본다는 것은 유기체와 환경을 분리하지 않고, '융합적 체계' 또는 공통된 전체적 조직에 놓고 관찰하는 것이다(김무길, 2001a: 22).

때문에 듀이는 주체와 객체가 분리되기 이전의 통합성을 강조하기 위해 '상호작용(inter-action)'이라는 말을 '교변작용(trans-action)'이라는 용어로 대체하고 있다(박철홍, 2008: 123). 이러한 교호작용은 역사적·사회적 상황, 혹은 물리적 환경에 대한 인식이 전제된, 광범위하고 '입체적'인 인식작용을 의미한다. 교호작용의 대표적 사례로 추리작용을 들 수 있다.

추리작용에서 분명히 밝혀진 관념의 연속적 확장이란, 물론 마음이 이미 소유하고 있는 지식의 축적에 좌우된다. 이러한 관념적 연속의 확장이란 그 연구를 진행시키는 개인의 이전 경험이나 특수한 교육에 의존할 뿐만 아니라, 그 시대와 장소의 문화, 과학의 상태에도 의존한다. 추리작용이란 지식을 확대시키는 데 도움을 주며, 동시에 그것은 이미 알려진 것에 의존한다(HT: 15).

이는 경험과 교과, 심리와 논리를 상호 결합시켜 확대된 교육적 경험과 유의미한 지식 획득으로 나아가게 하는 핵심적 인식작용의 원리다. 듀이는 완벽하게 완성된 지식이 존재하고, 그것을 인간의 경험과 아무런 관련이 없는 상태에서 받아들이는 것을 주된 학습의 방법으로 삼았던 기존의 이원론적 인식론에서 벗어났다. 흔히, 듀이의 지식론을 '참여자적 지식론 (participant theory of knowledge)'이라고도 하는데, 이는 인간 스스로가 지식을 습득하는 과정에 깊숙이 관련되어 있음을 상징한다.

참여자적 지식론의 관점에서 보면, 지식의 대상은 텍스트 내의 정형화된 지식을 의미하는 것이 아니다. 삶의 교호작용 상황에서 현재 일어나고 있는 일, 앞으로 해야 할 일을 이해하고 그것에 의미를 부여하는 도구다. 기존의 확증된 지식이건, 개인의 탐구 과정에서 재구성 되는 지식이건 간에, 지식은 본래부터 인간의 인식작용과 분리된 고정된 것이 아니다. 탐구의 상황 속에서 문제의 조건을 만족시키는 적합성과 효율성에 의해 확증되어 간다. 그것은 인식작용과 대상 사이에 변화를 일으키는 상호 관여적 교호작용이 종횡으로 일어나고 있다(김무길, 2006: 17).

그렇다고 듀이가 기존의 교육에서 중시했던 과거의 지식 내용을 중요하게 여기지 않는 것은 결코 아니다. 충분히 인정한다. 아니 매우 중요시한다. 문제는 인식과 방법이다. 그것이 교육적으로 가치 있는 진정한 지식이 되기 위해서는 지금까지와는 다른 방법으로 지식의 습득 과정을 이해해야 한다. 지식의 습득 과정 또는 교육적으로 의미 있는 지식을 학습자가 체득하는 과정의 핵심에 '교호작용'이 자리한다.

다시 강조하지만, 이는 일반적으로 말하는 단순한 상호작용과는 다른 차원이다. 상호작용은 상대방의 특성을 존중하면서 교류하지만 질적 변화를 야기하지는 않는다. 만났다 헤어지고 헤어졌다 만나며 자신의 정체성을 지킨다. 그러나 교호작용에 참여하게 되는 지식의 내용과 학습자는, 모두 교호작용을 통해 질적 변화를 겪는다. 서로가 서로에게 삼투되어 다른 양상을 창조한다. 이것이 다름 아닌 지식의 생성이다. 이때 이들은 따로 분리되어 있는 각각의 요소가 아니라 하나로 통합되어 존재한다. 듀이가 진정으로 추구하려는 것, 진짜 중요한 것은 인식작용과 인식대상의 상호관계에서 인식자와 인식대상 모두에게 '질적 전환'을 가져오는, 그런 인식의 사태다. 말하자면, '현재에 유용한, 지속 가능성을 담보하는, 생성하는 지식', 이것이 지식의 본질이다.

주제 9: 학교와 사회, 민주주의 공동체

사회생활의 마당

서구 근대의 민족국가의 탄생과 더불어 발생한 학교는 교육을 체계적으로 담당하는 제도적 장치다. 개인의 인격함양은 물론 국가 체제의 유지와 발전, 문화유산의 전달, 사회체제의 개혁 등 여러 측면에서 중요한 역할을 하였다. 듀이는 학교를 세우게 된 이유를 이렇게 말한다. "사회적 전통이 너무 복잡해져서 그 사회가 가지고 있는 지식의 상당한 부분이 글을 통해 보존되고 문자를 통해 전달되어야 했기 때문(DE: 19)"이라고.

이런 점에서 학교는 일반적인 사회 환경과 다른 독특한 기능을 지니고 있다. 학교는 지나치게 복잡한 문명을 단순화하여 학생들에게 제공해 준다. 아울러 기존 환경의 무가치한 특성들을 걸러내고, 사회적 환경의 여러 요소들 사이의 균형을 유지하여, 개인에게 각자 태어난 사회집단의 제약에서 벗어나, 보다 넓은 환경과 생생하게 접촉할 수 있도록 도와주는 역할을 맡는다. 주지하다시피, 학교는 교육이 이루어지는 배움의 장이며, 학생들이 일상의 시간을 보내는 공간이다. 대부분의 인간은 이곳에서 교우

관계를 맺고 사제 관계를 형성하면서 성장하게 된다. 인생에서 아동기와 청소년기의 상당 부분을 학교에서 지내며, 사회인으로서의 자질을 갖춘다. 따라서 학교에서의 민주 공동생활은 개인 지성의 기초가 되고 사회생활을 민주적 생활환경에 맞추기 위한 건강한 사회질서의 기초가 된다(송선희, 1995: 146).

그런데 문제는 그런 학교의 역할이다. 듀이는 20세기 초반에 학교교육이 실패하고 있다고 우려한다. 이유는 간단하다. 학교교육이 학생들 경험의 일부가 되지 못하기 때문이다.

현재의 교육이 실패하는 중요한 요인은 학교가 사회생활의 한 형태라는 기본적 원리를 소홀히 하는 데 있다. 현재의 교육에서는 학교를 학생들에게 정보를 제공해 주는 곳, 공부를 가르쳐 주는 곳, 습관을 형성해 주는 곳으로 생각한다. 학교에서 습득되는 이러한 것들이 갖는 가치는 주로 먼 장래에 있는 것으로 생각하고 있다. 학생은 장차 다른 어떤 것을 행하기 위해 이러한 것들을 배워야 한다고 생각한다. 요컨대 그것은 단순한 준비다. 그 결과, 이런 것들은 학생의 현재 생활 경험의 일부가 되지 못하고, 따라서 진정한 교육이 되지 못한다. 학교는 일차적으로 하나의 사회적 기관이라고 믿는다. 교육은 사회적 과정이므로 학교는 당연히 사회생활의 한 형태가 되어야 한다. 이러한 의미에서의 학교는 학생에게 인류가 물려받은 자원을 공유하고, 자신의 잠재력을 사회적 목적에 사용하도록 육성하는 데 가장 효과적일 만한 모든 사회 기관들이 집결된 곳이다(PC: 2).

학교는 실생활과 유리되어 단지 교과목을 배우는 곳이 아니라, 현재 나누어 갖

는 경험을 통해 학업과 성장이 이루어지는 축소된 사회 집단이 되도록 해야 한

다. 학교 안에 다양한 시설을 두루 갖추고 자유롭게 제공된다면 운동장이며, 공

작실이며, 작업실이며, 실험실들은 학생들의 능동적 속성을 자연스럽게 지도

해 줄 뿐만 아니라, 상호 교섭이나 의견 교환이나 협력을 가능하게 할 것이며,

연관됨의 중요성에 대한 의식을 넓혀줄 것이다(DE: 1).

학교는 과거의 단순한 지식 내용을 가르치는 데 그치는 공간이어서는 곤란하다. 학생은 실생활에 유의미한 것, 경험의 지평을 확장할 수 있는 것을 학습해야 한다. 그리하여 자신의 삶과 밀착된 사실적 진리에 친숙해져야 한다. 과거에 진리라고 생각된 것, 또는 어설프게 교육받은 교사의 잘못된 생각으로, 학생이 관심을 가질 것이라고 간주되는 그러한 사항을 일방적으로 주입받는 곳이어서는 안 된다.

학교가 미래의 삶에 필요한 직업 생활을 준비하는 곳이라는 시각도 틀린 애기는 아니다. 중요한 것은 학교생활을 하는 학생들의 삶과 그것 사이에 유기적 관련이 있어야 한다는 의미다. 학교가 학생에게 어떤 특수한 직업을 준비시켜야 한다는 뜻이 아니라, 학생의 일상생활과 직업 선택, 혹은 진로 결정과 연관되도록 주위의 환경이 자연스럽게 연결되어야 한다. 학교는 이 연결을 명확하고 자유롭게 하여, 학생이 그것을 의식하도록 하는 데 그 역할과 임무가 있다.

이런 차원에서 보면, 학교교육은 사회적 맥락 속에서 파악되어야 한다. 학교교육과 학교 밖 교육을 연속성의 관점으로 보아야 한다(김정금, 1992). 다시 말하면, 삶의 장면과 유리된, 단순히 교과를 공부하는 장소로서의 학

교보다는, 학습과 성장이 현재 공유되고 있는 경험의 한 부분이 되는 사회집단의 축소판이 되어야 한다.

먼저, 학습 활동의 측면에서, 학교의 학습은 학생들이 학교 밖의 학습과 연속성을 가질 수 있게 해야 한다. 듀이는 이 양자의 학습 사이에 자유로운 상호교류가 있어야 하고, 이것이 가능하려면 반드시 한 쪽의 사회적 관심과 다른 쪽의 사회적 관심 사이에 많은 관심의 공유점이 있어야 한다고 본다. 학교가 사회와 고립되어 존재한다면, 학교에서 배우는 지식은 삶에 적용될 수 없다. 그것은 학생들에게 현재 자기가 살고 있는 시대가 아닌, 과거에 존재했던 다른 종류의 삶 속으로 들어가 안주하게 만드는 것과 유사하다.

다음으로 학교는 학생들에게 좋은 사고 습관을 길러 주어야 한다. 무엇보다도 학교의 학습 방법을 개선하기 위해서는, '사고를 증진하는 데 어떤 조건이 필요한가?'에 주의를 기울여야 한다. 듀이는 사고를 '지적인 학습 방법'이라고 한다. 그것은 마음을 구사하고 마음을 살찌게 하는 학습 방법이다. 일반적으로는 '사고의 방법', 즉 '사고하는 방법'을 주로 언급한다. 하지만 듀이는 '사고 자체가 바로 방법'이라고 강조한다. 경험이 지적인 것일 때, 사고는 그 경험이 따르지 않으면 안 되는 방법이다. 그러므로 사고를 일으키는 첫 단계로서 구체적인 경험의 사태가 필요하다.

앞에서도 지적한 것처럼, 일반적으로 학교에서 행하는 수업 방법의 오류는 수학, 지리 교과 등, 사태에 대한 학생 자신의 직접적 경험과 무관한 기존의 교과를 가지고 수업을 시작할 수 있다고 생각하는 것이다. 교과목을 통해 사고를 일으키려고 한다면, 그 시작은 될 수 있는 대로 '비학문적'

으로 해야 한다. 듀이는 이러한 방법은 학생들에게 '배울 것'을 주는 것이 아니라, 무엇인가 '할 일'을 주며, 이 '할 일'이라는 것은 반드시 '사고', 즉 어떤 관련이 있는지 의도적으로 파악하지 않으면 할 수 없는 그런 종류의 일이다. 그렇게만 하면 학습은 저절로 따라온다. 이러한 학습은 사물이나 사람들 간의 능동적 접촉을 가능하게 하는 교실을 요구한다. 여기에는 더 많은 실물 자료, 더 많은 물건들, 더 많은 장비, 그리고 실제로 실습해 볼 기회가 더 많이 있어야 한다. 이런 곳에서 학생들이 실천하고 토론하고 탐구해야 한다. 이러한 학생들의 탐구는 자발적이고 생기 넘치며 그들이 제시하는 해결책은 다양하고 독창적이다.

또한 학교에서의 교육내용은 주로 사회생활의 의미를 포함해야 한다. 교육과정은 교육의 사회적 책임을 반영한다. 따라서 학교의 교육과정은 공동으로 어울려 살아가는 사회의 인간 문제, 그것을 관찰하여 정돈한 정보가 사회적 통찰과 관심을 일으키도록 계획된 그런 사태를 제시해야 한다. 학교에 다니는 학생이라고 하여 사회생활이 없는 것이 아니다. 학생은 학생으로서의 사회생활이 존재한다. 그러기에 학생의 사회생활은 학생의 성장과 성취의 배경을 이룬다. 때문에 학교의 교육내용은 학생의 사회생활 경험을 출발점으로 해야 한다. 이런 학생의 사회생활을 벗어나서, 읽기, 쓰기를 비롯한 세분된 교과들을 갑자기 학생에게 제시하는 것은 학생의 본성에 역행하는 일이다.

듀이가 볼 때, 교육의 올바른 원리는 간단하다. 학생들에게 사회에서 생겨난, 또 사회에 유용한 활동에 능동적으로 참여하게 하는 작업이다. 학생들에게 유용한 것과 관련된 자료와 법칙에 대해 과학적 통찰을 가지도록 하는 것이다. 그리고 학생이 가진 것보다 많은 경험을 가진 사람들이 전달해 주는 아이디어와 사실을 학생들이 배우고, 학생들이 자신의 직접적이고 일상적인 경험 속에 그것을 동화하도록 도와주는 일이다.

사회적 센터

듀이는 전통적인 교육에 반기를 들고 차세대를 이끌어 갈 아동의 교육을 위해, 학교를 사회적 센터로 재조직하는 문제를 고민하였다(송선희, 1996). 학교를 사회적 센터로 재조직한다는 것은 가정-학교-사회가 서로 유리되는 것이 아니라, 기존의 상태에서 모종의 변화를 시도하는 것이다. 학교와 사회는 가정과 마찬가지로 진정한 공동체가 되어야 한다. 듀이는 이 과업을 수행하는데 무엇보다도 학교가 중심적 역할을 담당해 주기를 열망하였다. 그러기 위해 학교는 가정의 확대판이 되어 자연스럽게 사회와 연결 되어야 하는 것이다.

가정은 지금까지 아동이 양육되고 도덕적 훈련을 받은 사회생활의 형태다. 아동이 가정에서 다소 우연적으로 받은 도야는 학교로 이어지면서 보다 완벽한 형태로, 더 좋은 설비와 더 과학적인 방법에 의해 진행됨으로써, 학교는 가정생활과 밀접하게 결부되어 있는 아동의 가치관을 심화, 확대시키는 것을 의무로 삼아야 한다. 단순화된 사회생활로서의 학교는 가정생활을 출발로 하여, 거기서 점차 성장해 나오는 모습을 띠어야 한다. 학교의 생활은 아동이 가정에서 이미 익숙해 있는 활동들을 취하여 그것을 계속시켜 나가야 한다. 학교는 가정에서의 활동을 아동에게 보여주어 아동이 점차로 그 활동의 의미를 알게 되도록, 그리하여 그 활동과의 관련에서 자신의 역할을 수행할 수 있도록 하는 방식으로 그것을 재현해 주어야 한다.

듀이는 『학교와 사회』에서 아동의 생활을 학교와 관련시키는 문제를 제기하며, 다음과 같이 요청하고 있다.

> 학교는 다른 무엇이기 이전에 하나의 사회적 기관이다. 교육이 사회적 과정인 만큼, 학교는 당연히 사회생활의 한 형태가 되어야 한다. 이러한 의미에서 학교는 아동에게 인류가 물려받은 자원을 공유하고 자기 자신의 힘을 사회적 목적에 사용하도록 양육하는 데 가장 효과적인 모든 사회기관들이 집결된 곳이다. 학교는 삶의 전형적인 모습을 나타내야 한다. 이 삶은 아동이 가정에서, 이웃에서, 놀이에서 살고 있는 삶, 그것과 다름없이 실감과 생기를 가진 것이어야 한다. 학교는 생활과 연결되고 아동이 직접적 생활을 통해 배울 수 있는 아동의 생활지가 되어야 함을 명시해 주고 있다. 학교를 생활에 연관시키면, 모든 교과는 자연스럽게 서로 관련되고 마는 것이다(SS: 2).

듀이는 학교의 고립이 어떻게 교육에서 막대한 낭비를 가져왔는지 논의하며 학교와 사회가 가정과 학교처럼 연속성을 확보할 것을 주장한다. 무엇보다도 듀이는 교실 내에서 생활과정의 상관관계와 통합의 중요성을 강조한다. 학교는 장래에 영위될 어떤 예상적인 생활에 대해 추상적이고 소원한 관계를 가진 교과목을 배우는 장소가 아니다. 아동이 생활의 지도를 통해 배우는 장소로 되어야 한다.

이런 방식으로 학교를 사회와 관련시키는 것은 정규 교과 과정에서 학생이 알아야 할 것을 지시하는 것과 거리가 있다. 학생이 알려고 하는 것을 강조함으로써 학습자의 필요에 부합하는 것이다. 그러면 교육내용은 이런 측면에서 가치와 의의를 가지도록 가르쳐질 것이고, 학생에게 강요하지는 않게 된다. 예컨대, 수학의 경우, '정신훈련'이나 '정신도야'가 아니라, 수량을 취급하는 최고의 방법으로 배우게 되는 것이다. 이렇게 될 때 비로소 조그마한 사회, '배아적(embryonic) 사회'가 되는 기회를 가진다. 즉 작은 사회로서 학교와 큰 사회가 자연스럽게 연결된다. 듀이에게서 이는 근본적 사실이며, 이 사실로부터 계속적이고 질서 있는 교육의 흐름이 발원한다.

학교를 사회적 센터로서 부각시키고 적극적으로 사회생활에 관련시키려는 듀이의 사고방식은 그의 "사회적 센터로서의 학교"라는 논설에서 절정을 이룬다. 여기에서 듀이는 "보다 큰 사회의 전형적인 산업 활동 가운데 가정이나 이웃에서 행해지고 있는 여러 활동들을 학교에 도입해야 한다"고 주장한다. 그렇게 함으로써 학교는 명실 공히 축소된 사회로 조직되고, 아동들은 이러한 학교를 통해 지역사회로 나아가 더 큰 사회로 연속적으로 인도된다.

지역사회의 교육은 지적이고 영적인 자원들을 충분히 공유하고 그 범위를 넓히는 작업을 의미한다. 전통 교육은 변화된 조건 아래에서 이런 과제에 충분히 적합하지 않다. 때문에 듀이는 그 결함을 인지하고, 학교가 사회적 센터가 되어야 함을 요청한다. 사회적 센터로서의 학교는 예술,

과학, 다른 양식의 사회적 교제에 관한 것들을 능동적이고 조직적으로 공유하도록 조정한다. 다시 말하면, 학교는 사회생활을 반영하는 각종의 직업에 의해 활동적으로, 그리고 예술과 역사와 과학의 정신에 의해 침투된 배아적 사회생활로 재건하는 것을 의미한다.

사회적 센터로서 학교는 급속하게 변화하는 환경에 적합하게 개인들을 계속 적응시키는 데 필요한 그런 훈련을 최소한 제공해야 한다. 학생이 관계하고 있는 과업의 지적인 그리고 사회적 의미를 그에게 해석해 주어야 한다. 학생에게 독단적이고 고정된 훈육을 붕괴하는데 일익을 담당하게 해야 한다. 갈등과 불안정을 줄이고, 더 깊은 공감과 더 넓은 이해를 반영시키는 그러한 방식 속에서 사람들과 그들의 아이디어와 신념들을 묶는 수단들을 제공해야 한다. 듀이가 제시하고 있는 학교의 과업은 무엇보다도 학생이 자기가 속한 지역사회의 활동에 참가하기 위해, 그것이 가진 전통이나 관심 등을 현상에 입각하여 학습하는 일이다. 뿐만 아니라, 학습한 것을 평가하여 보다 민주적인 것으로 바꾸어 가는 능력을 키워야 함을 강조하고 있다.

듀이의 사회적 센터로서의 학교의 개념은 그 근원을 가정에 두고 있으며, 가정과 사회를 연결하는 매개체로서의 역할이 강조된다. 이러한 역할을 적절히 수행하기 위해 학교는 순화되고 단순화된 사회로 조직된다. 듀이는 이러한 의미에서 축소된 사회로 조직되어 있는 학교교육을 통해, 부단히 학습이 이루어지는 일종의 학습사회(learning society)를 실현시키려 했다. 학교를 통해 현대의 사회생활에 필요한 진보를 민감하게 반영하는 이해와 능력을 얻고, 학습하는 사회를 실현하는 데는 여러 가지 요인이 복합적으로 작용한다. 듀이는 어떤 다른 요인보다도 교사의 요인을 중요하게 생각한다. 사실상 교재, 교과를 비롯한 전반적인 학교 환경이 아무리 훌륭하게 잘 조직된 것일지라도, 이것이 최종적으로 학생에게 전달되는 학습 활동 과정에서, 교사의 태도와 자질 여하에 따라, 그 결과는 상이하게 나타나기 때문이다.

민주주의 공동체의 실현

듀이는 사회적 센터로서의 학교를 강조함과 동시에 민주주의 공동체를 실현하기 위한 장소로서의 학교를 주장한다. 듀이에게서 민주주의는 공동체 생활의 양식으로서 뿐만 아니라 인간이 지성을 사용하는 방법이다. 인간의 기본적 지성을 바탕으로 하는 자유로운 의사소통과 사회적 탐구는 민주 사회를 성립시키는 규칙이다. 이때 지성의 방법은 사회 구성원들이 그들의 지성을 사용하여 민주 사회를 운영하는 방식을 의미한다(이성호, 2003: 220).

듀이가 생각하는 민주 사회는 구성원들 간에 다양한 이해와 관심을 함께 나누는 사회다(강승규, 1993: 128). 민주 사회는 개인의 이익을 위해 사람을 이용하지도 않고 이용당하지도 않는 여러 형태의 '함께 공유하는 활동', 즉 협동을 많이 하는 사회다. 협동을 위해서는 상식, 의견교류, 공동사회라는 세 가지가 강조된다. 상식은 집단적 경험에서 제기되는 대표적 가치, 아이디어, 도구나 방법, 주제들이다. 의견 교류는 상징적 형태인 공용 언어로 그들의 경험을 표현하는 일이다. 의견교류는 의사소통의 다른 표현인데, 사회에서 상호작용하는 사회의 각 구성원은 의사소통을 통해 경험을 공유하게 되고, 그럼으로써 공동 경험을 성장시키기도 한다(송도선, 1998b: 187). 공동사회는 공유한 의견교류의 수단으로 공동의 경험과 문제를 함께 토의하여 결과를 얻어내려는 인간적 유대관계를 말한다. 이런 점에서 듀이는 대다수 구성원이 얼굴을 마주대고 공동의 생활 문제를 함께 풀어나가는 지역사회의 확장으로서 더 지역사회를 상정한다. 듀이는 그것이 학교에서 실천되기를 염원했다.

듀이의 민주주의 개념은 현재에도 상당한 교육적 시사를 던진다. 그는 사회를 평가하기 위한 두 개의 준거를 제시하였다. 하나는 '공유하는 이익이 얼마나 많고 다양한가?'이며, 다른 하나는 '다른 집단들과의 교제가 얼마나 충만하고 자유로운가?'하는 것이다. 이 질문들에 긍정적인 대답을 하면 할수록 그 사회는 더욱 민주적이라는 평가를 받게 된다. 듀이는 이 준거를 정치뿐만 아니라 경제적, 도덕적, 그리고 교육적인 개념이라고 생각했다. 이러한 민주적인 공동체를 실현하기 위해 학교는 중요한 공간이었다(임태평, 1997: 307).

앞에서 언급했듯이, 학교는 사회적 센터로서 널리 지지되고 있다. 듀이는 『나의 교육신조』라는 글에서, "학교는 근본적으로 사회기관"임을 분명히 하였다. 사회기관으로서의 학교는 아동에게 실제적이고 생생한 삶을 대변해야 한다. 그는 학교는 또한 현존하는 사회생활이 단순화 되어진 곳이며, 학교교육이 실패하는 이유는 학교를 공동생활의 한 형식으로 이해하지 못하기 때문이라고 생각했다. 대신, 듀이는 학교를 구성원들의 지적·도덕적 성향에 영향을 주기 위해 만들어진 환경의 전형적인 예라고 했다. 그러나 일상적인 삶과 비교할 때, 학교는 세 가지 특수한 기능을 가지고 있다(신득렬, 2002).

첫째, 문명은 너무나 복잡하여 무더기로 한꺼번에 전달할 수 없다. 또한 사회가 너무나 복잡하여 모든 것에 두루 참여할 수도 없다. 모든 사회적 현상이 아동에게 영향을 주도록 할 수도 없다. 따라서 이것들을 단순화시킬 필요가 생기는 것이다. 학교의 기능은 단순화된 환경을 제공하는 것이다. 학교는 단순한 것에서 점점 복잡한 것을 제공하기 위해 순서를 정해준다.

둘째, 현존하는 환경의 무가치한 특성들을 될 수 있는 대로 제거하여 그것이 정신적 습관에 영향을 주지 못하도록 하는 것이다. 학교는 정화된 행동 환경을 확립한다. 교육과정의 선정은 단순화하는 데만 있지 않고 바람직하지 못한 것을 제거하는 것을 포함한다.

셋째, 학교의 기능은 사회 환경의 여러 요소들이 균형을 유지하고 개인에게 각자 태어난 사회집단의 제약에서 벗어나 더 넓은 환경과 생생한 접촉을 가질 수 있도록 하는 것이다. 각 집단은 구성원들의 능동적 기질을 형성하는데 영향력을 행사하고 있다. 도당, 클럽, 감옥의 죄수들도 교회, 노동조합, 기업체, 정당 못지않게 집단 활동에 참여하는 사람들에게 교육적 환경을 제공한다. 이러한 집단들은 각기 가족, 도시, 국가 못지않은 공동체 생활의 양식을 지니고 있다. 사회 안에는 이질적 전통을 가진 많은 이질적 집단들이 있으며, 연소자에게 동질적이고 균형 잡힌 환경을 마련해줄 교육기관이 필요하다.

듀이는 당시의 학교교육이 사회와 동떨어져 있는 것을 개탄한 나머지 학교가 사회적 센터가 되어야 하고, 사회의 축소판이 되어야 한다고 생각했다. 그래야 학교가 활기차게 된다는 것이다. 그러나 그는 사회가 학교와 동일시되는 것에 대해서는 반대하였다. 그는 민주주의를 배울 수 있는 정화되고 엄선된 환경으로 학교를 만들려고 하였다.

사회에 대한 관심

듀이의 교육철학에서 듀이가 시종 놓지 않는 개념이 다름 아닌 '사회'다. 사회는 듀이의 사상 전체를 관통하고 있는 핵심적 문제의식 중의 하나다. 그는 제반 관념과 사상, 제도, 관습, 도덕 등 인간에 관련된 모든 문제를 '사회적' 관점에서 접근하였다. 인간성 자체를 유기체와 환경, 특히, 사회적 환경과의 상호작용 결과라고 이해한다. 따라서 교육도 사회적으로 이루어지는 '사회적 활동'일 수밖에 없다. 학교도 사회적 요구에 의해 세워진 '사회적 기관'이며, 교실 또한 교사와 학생, 학생과 학생의 상호작용을 통해 교수와 학습이 이루어지는 '사회 공동체'다.

듀이는 자신의 사회사상 형성에 지대한 영향을 미쳤던 것으로 헤겔, 다윈, 콩트의 사상을 지적한다. 다윈으로부터 인간은 변화하는 발전 과정에서 자아를 새롭게 전개되는 환경에 적응해 나가면서, 그가 살고 있는 사회를 정치적, 경제적, 사회적으로 개조를 시도해야 한다고 시사 받았다. 그리고 그 계획 방식은 과격한 독재적인 것이 아니라 과학적, 인간학적,

민주주의적 방향으로 모색하여 도덕적 지성 사회를 구축하는 것이었다. 그의 삶에서 부인인 앨리스도 그의 철학적 관심을 현대생활의 여러 분야로 향하게 함으로써 적지 않은 기여를 했다. 이 밖에도 포드와의 우정, 아담스의 헐 하우스에의 참여는 듀이에게 자신의 신념을 실제적으로 검증하는 기회를 제공했다. 아울러 듀이는 그가 창설한 실험학교의 경험을 통해, 처음에는 설득력을 결여하고 분산된 감정에 호소하는 듯한 그의 사회적 관심이, 분명하게 젊은이를 교육하는 방향으로 자리매김 하게 되었다.

듀이는 사상적 측면에서만 사회를 중시한 것이 아니다. 실제 그의 삶에서 미국 내에서뿐만 아니라 세계적으로 민주주의 관행을 독려하는 데 깊숙이 개입했다. 그리하여 그는 지금까지도 철저히 참여하는 민주적 지식인으로 기억되고 있다.

사회 유기체설과 개인주의

그렇다면 듀이는 사회를 어떻게 이해하는가? 그는 루소와 헤겔의 두 입장을 수용하면서도 한편으로는 개인주의에 대한 우려를, 다른 한편으로는 사회 유기체설에 대한 우려를 나타내면서, 개인적 측면과 사회적 측면의 균형을 살리려고 하였다. 그것은 두 가지 차원의 사유를 나타내게 만들었다.

첫째, 듀이는 사회 이전의 개인 개념을 단호하게 거부한다. 듀이가 일관되게 주장한 것은 인간이 '고립된 비-사회적 원자가 아니다'는 것을 깨달지 못한 어떤 인간론이든 결점을 지니며, 그것은 철학자가 호도한 추상이라는 것이다.

둘째, 듀이는 사회를 구성하는 모든 개인의 완전한 성장에 충실함으로써, 사회는 어떠한 경우에 처해서라도 자신에 충실할 수 있다고 이해한다.

바로 이런 점에서 듀이는 개인주의와 사회 유기체설은 하나로 통일되고 있다고 본다. 다음은 듀이가 제시한 유기체설과 개인주의에 대한 몇 가지 정돈이다.

a. 사회, 유기적 전체

헤겔의 후계자들 중 몇몇은 두 개의 대립되는 요소로서의 '총체'와 '개인'을 조화시키는 방법으로, 사회를 유기적 전체 또는 유기체로 파악하려고 하였다. 개인이 그 능력을 적절하게 발휘하는 데 사회 조직이 그 전제가 된다는 것은 의심할 여지가 없다. 그러나 사회적 유기체라는 것은, 만약 몸의 기관이 서로서로, 또는 몸 전체와 관련을 맺고 있는 것과 같은 뜻으로 해석하면, 각 개인은 전체 속에서 오직 제한된 위치와 기능밖에 가지고 있지 않다는 뜻을 나타내며, 이것은 다른 기관(즉 다른 개인)들의 위치와 기능에 의해 보충되어야 한다는 뜻을 나타낸다(DE: 5).

b. 개인적 의식과 사회 이익의 합치

역사적으로 볼 때 개인주의는 비교적 현대에 와서 나타난 현상이다. 개인의 다양성은 역사상 언제나 있었지만, 보수적인 관습이 지배하는 사회에서는 그것은 억압하였거나, 적어도 그것을 활용하고 증진시키는 일을 하지는 않았다. 그렇지만 여러 가지 이유에서, 이 새로운 개인주의는, 철학적으로, 이전에 받아들여진 신념을 수정 변형하는 능동적 주체의 발달을 뜻하는 것으로 해석된 것이 아니라, 각 개인의 마음이 모든 다른 것과 떨어져서 그 자체로서 존재한다는 주장으로 표현되었다. 이것은 인식론적 문제, 즉 개인과 세계와의 인식적 관계가 어떻게 가능한가라는 질문을 낳았다. 철학의 실제 면에서 볼 때, 그것은 사회적 지도의 문제, 즉 순전히 개인적인 의식이 어떻게 사회 일반의 이익에 합치되는 방향으로 작용할 수 있는가라는 질문을 불러일으켰다(DE: 22).

c. 사회적 개인, 유기적 통합체

내가 믿는 바로는 교육을 받는 개인은 사회적 개인이며, 사회는 개인의 유기적인 통합체다. 아동에서 사회적 요인을 빼어 버리면 남는 것은 추상적 존재뿐이다. 사회에서 개인적 요인을 빼어 버리면 남는 것은 무기력하고 생명 없는 덩어리뿐이다(PC: 1).

d. 사회, 개인의 완전한 성장

사회는 자신에 관한 개혁적 사상을 미래의 사회를 향하여 열려져 있는 새로운 가능성(아동)을 통해 실현하려는 것이다. 바로 이 점에서 개인주의와 사회주의는 하나로 통일되는 것이다. 사회를 구성하는 모든 개인의 완전한 성장에 충실함으로써만이 사회는 어떠한 경우에 처하여서라도 자신에 충실할 수 있는 것이다(SS: 1).

e. 윤리적 결과

이러한 생각은 개인주의적 이상과 사회주의적 이상을 동시에 존중한다. 이 올바른 인격이 단순히 개인의 훈시나 모범이나 권유로 형성되는 것이 아니라, 제도적, 공동체적 삶의 형식이 개인에게 끼치는 영향으로 말미암아 형성된다는 것, 그리고 사회적 유기체가 그 하나의 기관인 학교를 통해 윤리적 결과를 결정한다는 사실을 인정한다는 점에서 보면, 그것은 사회를 존중하는 것이다(PC: 5).

진정한 민주주의

듀이가 생각하는 이상 사회는 진정한 민주 사회다. 이러한 사회의 구체적 상을 살펴보기 위해서는, 듀이가 언급하는 진보의 개념을 염두에 두어야 한다. 듀이는 민주주의가 그저 다수가 지배하는 '정부 형태'가 아니라고 분명하게 강조한다. 민주주의의 핵심은, 개인과 사회가 상호적 관계에서 내적으로 연관된 사회관을 채택할 때, 어떻게 '개인이 자신 안에서 전체 유기체의 정신과 의지를 체화하고 실현하는지'라는 개인의 윤리적 삶의 방식에 있다. 듀이는 그의 전 생애에 걸쳐 열성적인 민주주의 에토스 또는 문화 없이 정치적 민주주의는 속빈 강정이고 의미 없다고 역설했다. 하나의 정부 형태로서 민주주의는 이 살아있는 에토스의 파생물이고 그것에 의존한다.

이런 인식에서 보면, 듀이는 평생 동안 '민주적 엘리트주의'의 비판자였다. 그들의 주장은 개인들은 대중매체를 통해 효과적으로 조작되어야 하고, 사회문제들이 매우 복잡한 현대 세계에서 경쟁 가능한 민주주의는 지식인의 '지혜'가 필요하다는 것이다. 지식인들은 플라톤의 귀족들처럼 '자신의 이해관계가 아닌 사회 전체의 관심에서 통치한다.' 그러나 듀이는 항상 경쟁을 갖춘 민주주의가 현명한 민주적 결정을 내리고, 책임을 질 특별한 지식인 계급을 요구한다고 주장하는 사람들을 매우 불신했다. 듀이가 분명하게 알아챈 것은 민주주의에서 전문가의 지식이 긍정적 역할을 한다는 것이다. 그는 사회개혁으로 나아가기 위한 사회탐구의 중요성도 강조했다. 하지만 궁극적으로는 전문가가 아닌 민주 시민이 판단하고 결정해야만 한다. 이것이 듀이가 생각하는 민주적 신앙의 핵심이다.

이런 의미에서 민주주의는 모든 형태의 귀족정치와 구분된다. 그에게 민주주의는 인간 개개인이 스스로 책임지고, 자신의 창발력을 발휘할 수 있는 사회다. 진정한 민주주의는 모든 사람이 유용한 봉사에 참여하고, 모든 사람이 가치 있는 여가를 즐기는 그런 사회다. 듀이는 민주주의를 간략하게 정돈한다. 민주주의는 인간 본성의 가능성에서 작용하는 신앙이 통제하는 삶의 방식이다. 그것은 인종, 피부색깔, 성별, 출생, 가족사항, 물질적 부, 문화적 부와 상관없이 그 본성이 각 인간에 발현되는 것만큼 그것이 인간 본성에 내재한 잠재성의 신앙을 의미한다.

사회 진보

듀이에 의하면 교육과 사회는 매우 밀접한 관계가 있다. 사회는 교육의 근본적 바탕이 된다. 인간 사고의 폭이 넓어지는 것은 오직 사회적 공감의 성장과 더불어 그 시야가 넓어짐에 따라 점진적으로 이루어진다. 이것은 교육의 입장에서 대단히 중요한 의미를 가진다. 그의 교육이론은 바로 이런 주장에 기초하고 있다. 아울러 사회는 교육을 필요로 한다. 교육은 사람을 사회활동의 표준적 형식으로 만들어 넣는 것이다. 때문에 우리는 한 사회 집단이 그 미성숙한 구성원들을 그 자체의 사회적 형식에 맞도록 길러내는 '방법'을 중심으로 그것이 어떤 일반적 특징을 지니고 있는지를 고찰해야 한다. 특히, 사회생활의 실제 변화는 반드시 그것에 맞게 교육이 재조직되도록 요구하며, 사람들에게 그러한 사회변화에 함의되어 있는 관념이나 이상은 무엇이며, 오늘날 우리의 것과는 다른 옛날의 문화권에서 물려받은 관념이나 이상에 어떤 수정이 필요한가를 자문하도록 한다.

그런 교육에서 형성되는 인격은 사회적으로 필요한 구체적인 일을 하면서, 그와 동시에 성장에 필요불가결한 계속적 재조정에 관심을 가진다. 그리하여 듀이에게서 교육은 바로 삶 그 자체다. 삶의 모든 장면에서 배우려고 하는 관심, 이것이야말로 교육과 사회의 접목 지점이다. 앞에서 강조한 것처럼 듀이는 민주주의의 에토스를 일상생활에서 통합시키려는 지속적 작업이 없다면, 민주주의는 아주 쉽게 속빈 강정이고 무의미하다. 듀이에게 가장 필수적인 것은 일상적 관행에서 지성의 체화다. 듀이의 비전은 전 영역의 인간 경험을 포괄하고 전제로 한다. 민주주의는 민주주의 에토스를 이루는 태도, 감정, 습관이 체화되는 강한 민주주의 문화를 요구한다. 실제로 듀이는 이성보다 지성, 정확히 말하면, 사회적 지성을 강조했다. 왜냐하면 이성을 감정, 정서적 삶과 구별될 수 있는 특별한 능력으로 생각하는데 강력하게 반대했기 때문이다.

지성은 능력이 아니다. 지성은 일련의 기질이다. 이 기질은 상상력, 복잡다단한 상황의 복잡성에 대한 감수성, 결과의 인식, 타인의 견해를 청취하고 학습하는 능력, 오류 가능하지만 문제를 풀려는 실험적 태도를 포함한다. 지성은 달성하기 위해 예견되는 목표에 대한 열정적 개입, 기꺼이 자신의 실수에서 배우려는 마음이다. 이런 관점에서 일상교육에 대한 듀이의 관심을 높게 평가할 수 있다.

듀이는 민주주의의 가장 큰 적이 내적인 것이라 믿었다. 내적인 것은 민주주의 에토스와 민주적 관행들이 침식되었을 때 발생한다. 그러기에 사회개혁이 개인의 도덕적 개조를 통해서만 달성될 수 있다는 '도덕주의'를 비판한다. 그에게 도덕적인 것의 올바른 의미는 사회적인 것과 동일시될 때다. 이런 관점에서 볼 때, 듀이에게 참된 교육은 인간이 그 안에서 살고 있는 사회적 상황의 요구에 의해 그의 힘을 자극하는 데서 나온다. 이때 교육은 개인을 문명에 적응시키는 일이 아니다. 교육을 외적·강제적 과정으로 취급하여, 개인의 자유를 사전에 정해 놓은 상황에 종속시키는 결과를 가져오는 것이 결코 아니다.

교육은 사회 진보와 개혁의 근본 방법이다. 교육은 사회적 의식을 공유하게 되는 과정을 조정하는 일이며, 이 사회적 의식을 기초로 개인의 활동을 조절하는 것이야말로 유일하게 확실한 사회 재건의 방법이다(PC: 5). 듀이에 의하면 교육은 사회의 진보와 개혁의 근본적이면서도 확실한 그리고 유일한 방법이다. 듀이 교육이론의 핵심 문제들, 이론과 실제의 문제를 포함한 대부분의 문제들은 바로 사회 진보와 개혁에 대한 그의 관심과 실천에 근거해 있다. 그는 그 동안의 이론과 실제의 괴리가 사회 진보와 개혁을 막고 있었다고 판단한다. 특히, 그가 이론이 아닌 실제에 무게 중심을 둔 까닭도, 바로 이론보다 실제가 사회 진보와 개혁에 더욱 효과적인 방편이 되기 때문이다. 따라서 그의 교육이론의 구심점은 바로 사회 진보와 개혁에 있다. 듀이의 사회 진보와 개혁은, 넓은 의미에서 보면, 자신에 관한 진보와 개혁 사상을 미래 사회를 향해 열려져 있는 새로운 가능성인 학생들을 통해 실현하려는 것이다.

주제 10: 도덕과 예술, 미학적 삶

도덕의 특성

존 듀이가 생각하는 도덕은 우리가 일반적으로 인식하고 있는 도덕 개념과 상당히 다르다. 그는 도덕의 개념을 매우 넓게 해석한다. '사회적인 것이 곧 도덕적인 것이며, 도덕적인 것이 곧 사회적인 것'이라는 관점이다. 때문에 그가 도덕에 관해 따로 언급한 경우는 드물다. 1909년 『교육에서 도덕의 원리』를 저술할 때만 해도 '도덕'을 다소 독립적으로 보았으나, 1938년 『경험과 교육』에서는 도덕이라는 단어가 거의 등장하지 않을 정도로 도덕을 사회와 동일하게 보았다.

듀이는 도덕에 관한 자신의 관점을 『민주주의와 교육』의 마지막 장인 '도덕의 이론'에서 밝히고 있다. 여기에서도 '도덕 자체'에 대한 내용보다 도덕의 범주에서 사람들이 가지는 여러 가지 문제와 편견에 대해 철학적 고찰을 하는데 많은 노력을 기울였다. '도덕의 이론'은 네 개의 부분으로 이루어져 있다.

첫 번째, '내면과 외면'이다. 이는 도덕에서 내적인 의식과 외적인 행동을 이원적으로 분리하고 있는 사태에 대해 고찰한 것이다. 듀이는 정신적 과정과 신체적 과정은 분리될 수 없는 하나의 연속된 과정임을 역설한다.

두 번째, '의무와 이해의 대립'이다. 이는 원리에 입각한 행동과 사욕에 근거한 행동의 분리에 대해 살펴본 것이다. 듀이는 두 입장 모두 '자아'를 고정된 것으로 파악하는 우를 범하고 있으며, 자아가 고정되지 않고 끊임없이 변화하는 것임을 인정해야 한다고 주장한다.

세 번째, '지적 능력과 인격'이다. 이는 도덕과 지식이 분리되어 전혀 무관한 것으로 여겨지는 상황에 대해 비판한 것이다. 이러한 구분이 성립한다면, 학교에서 도덕 교육은 단순히 도덕적 이론의 소개에 지나지 않게 될 것이라고 우려하며, 지적 능력은 행동에 커다란 영향을 미치며, 이는 곧 인격에도 영향을 미치는 것이라고 선언한다.

네 번째, '사회적인 것과 도덕적인 것'이다. 이는 사회적인 것과 도덕적인 것의 분리에 대해 다룬 것이다. 사회적인 것과 도덕적인 것은 궁극적으로 같은 것이라는 주장과 함께, 도덕을 보다 넓은 관점으로 볼 것을 제안한다. 아래에서 '도덕 이론'을 요약해 본다.

내면과 외면

기존의 도덕에 관한 이론은 대부분 이원론적 구분에 입각해 있다. 또 그것이 현행 도덕 교육의 방식을 이론적으로 정당화하고 미화하는 데에 사용된다. 때문에, 이를 비판적으로 고찰할 필요가 있다(DE: 26). 도덕과 관련하여 우리가 부딪치는 첫 번째 난관은 사람들이 도덕에 관해 생각할 때, 활동의 과정을 두 개의 대립되는 요인들로 분리한다는 것이다. 예를 들어, 내면이냐 외면이냐? 정신적인 것이냐 육체적인 것이냐? 도덕에서 이런 이원론은 행동의 동기와 결과, 즉 인격과 행위를 엄격히 구분하는 것으로 드러난다. 동기와 인격은 오직 의식 속에서 일어나는 순전히 '내적인' 것으로 간주되고, 결과와 행위는 마음의 바깥에 있는 것으로 행위는 단순히 동기를 실천에 옮기는 신체적 움직임으로, 결과는 그 움직임에서 나타나는 사태를 가리킨다. 여러 철학자들이 도덕 이론을 제시할 때, 내적인 마음의 상태와 외적인 행위나 결과를 분리해 놓고, 도덕성을 그중의 어느 한쪽과 동일한 것으로 규정하는 것이 문제다.

인간의 행위를 고찰해보면, 순전히 정신적 과정이 먼저 일어난 다음에 갑자기 그것과 근본적으로 다른 신체적 과정이 따라오는 것은 아니다. 처음에 보다 불확실한 생각이 엇갈리는, 망설이는 상태에서부터, 보다 외현적인, 확실한, 완전한 상태에 이르기까지, 하나의 연속적인 행동이 있다. 처음에 하는 활동은 주로 유기체 내의 긴장과 조정의 과정으로 구성되어 있다. 그러다가 긴장된 상태가 하나의 통합된 태도로 구성되면, 유기체는 하나의 전체로 행동하고 거기서 모종의 분명한 행동이 나타난다.

물론, 연속적 활동의 과정에서 의식적이라고 생각되는 것을 정신적 활동이나 지적 활동이라고 하여 별도로 분리하여 생각할 수는 있다. 이 경우, 정신적이라든가 지적이라고 하는 것은 활동이 아직 외부적 에너지를 발동하여 환경에 변화를 가져오는 완전한 단계에 도달하기 이전의 불확실한 형성기다. 우리의 의식적 사고, 관찰이나 소망, 혐오, 증오 등이 중요한 이유는 그것이 초창기의 불확실한 활동을 나타낸다는 데 있다. 이런 내적 활동은 나중에 구체적으로 드러나는 활동으로 표현된다. 또한 이런 불확실한 초창기 단계에서 유기체의 재조정은, 그것이 고정된 습관과 맹목적 충동에서 벗어나는 유일한 방법이라는 점에서 중요하다. 따라서 외부적 행동에 앞서 우리에게 일어나는 의식적 고찰과 의욕은 불확실한 사태에서 활동에 필요한 면밀한 개인적 재조정이라고 보아야 한다.

문제는 연속적 활동에서 마음이 수행하는 역할이 언제나 동일한 방향을 유지하는 것은 아니라는 점이다. 원래의 것이 아닌 다른 것에 욕망이 생기거나, 활동이 장애를 받아 현재 상태에 혐오감이 생기면, 상상력이 자극된다. 현재와 다른 사태를 그려보는 것은 관찰과 회상을 잘해 나가는 데 도움이 되지 않는 경우가 많다. 잘 도야된 성향을 가지고 있는 경우라면 그렇지 않겠지만, 일반적으로 이 경우에는 상상이 멋대로 날개를 편다. 그리하여 겉으로는 아무런 행동을 하지 않으면서, 마음속으로는 상상의 세계를 구축한다. 순전히 내적인 마음과 순전히 외적인 행위 또는 결과를 엄격하게 분리하는 도덕 이론은 이러한 사고와 행동의 분리를 바탕으로 한다.

내면과 외면의 분리는 단순히 특정한 개인의 경험에만 해당되는 것이 아니다. 사회적인 조건을 보더라도 어떤 계층은 자신의 사고나 욕망에 관해 면밀한 생각을 하면서도 이러한 사고나 욕망이 환경을 재조직하는 데 사용될 수단을 제공하지는 않는다. 오직 자신의 생각 속으로만 파고드는 그런 계층이 있는 것이다. 그들은 자신의 마음 상태, 자기 자신의 상상과 원망 속에서 도피처와 위안을 찾는다. 그들이 경멸하는 바깥 세계에 비해 자신의 마음속에 있는 상상과 원망이 진정한 실재이자 이상적인 것으로 보고 그것을 찬양한다.

일상생활의 도덕성, 그리고 학교에서 가르치는 도덕성은 대부분 위의 두 가지 도덕성을 적당히 타협한 것이다. 한편으로는 감정을 대단히 강조한다. 개인은 선의를 가져야 하며, 의도가 선하다면, 올바른 정서적 의식을 지니고 있다면, 그것을 완전히 행동의 결과로 나타내지 않더라도 큰 잘못이 없다고 생각한다. 다른 한편으로는 다른 사람들의 편의나 요구를 충족시키기 위해, 또한 사회질서를 위해 무슨 일인가를 해야 한다. 때문에 개인이 관심을 가지고 있건 없건, 지식을 사용하건 않건, 특정한 행동을 해야 한다는 것을 매우 강하게 요구한다. 이런 요구는 당장 눈에 보이는 행동을 해야 함을 강조한다. 이때 그 행동을 어떤 생각에서, 어떤 욕망을 가지고 하는가는 문제가 되지 않는다. 그것이 눈에 보이지 않는 쪽에 어떤 영향을 가져오는지에 관한 것도 문제가 되지 않는다.

의무와 이해

도덕 이론에서 '원리 원칙'에 의거한 행위와 '개인의 관심'에 따른 행동 사이의 대립은 늘 문제와 논란의 소지가 있다. 원리 원칙에 의거하여 행위 한다는 것은 이해관계나 개인적 고려 사항을 초월한 일반적 법칙에 따라 행동한다는 뜻이다. 개인적 관심에 따라 행동한다는 것은, 보통 사람들이 생각하기로는, 이기적으로 자기 자신의 개인적 이익을 위해 행동한다는 의미다. 원리 원칙에 따른 행위는 일종의 도덕적 의무이고, 개인의 관심에 따른 행동은 이익을 얻으려는 이해관계의 문제다(DE: 26).

도덕적 의무와 이해의 대립에서 이해 쪽의 입장을 지지하는 사람들은 습관적으로 그 말을 '자기 이익' 또는 '사리(私利)'라는 뜻으로 사용한다. 그들은 사물이나 아이디어에 이해관계가 없으면 동기가 없다는 전제에서 출발한다. 어떤 사람이 원리 원칙이나 의무감에서 행위 한다고 말하는 경우, 실제로는 그 행위 속에 그에게 이익이 되는 그 무엇이 있기 때문에 그런 행동을 한다는 결론을 내린다. 그들의 전제는 타당하다. 그러나 결론은 오류다. 이 입장에 반대하는 쪽에서는, 인간은 너그럽게 자기를 버리는 행동을 할 수 있으며 심지어 자기를 희생하는 행동도 할 수 있기에, 이해를 떠난 행동을 할 수 있다고 주장한다. 이 경우에도 전제는 타당하다. 그러나 결론은 오류다. 양쪽 입장의 오류는 이해와 자기 자신의 관계를 그릇되게 파악하는 데 있다.

두 입장은 모두, 자기 자신이라는 것은 고정된, 따라서 고립된 일정 양의 덩어리를 나타낸다고 가정한다. 그 결과, 자기 자신의 이해를 위해 행동하는 것과 이해를 떠나서 행동하는 것 사이에 엄격한 딜레마가 있다고 생각한다. 자기 자신이라는 것이 행동에 앞서 존재하는 고정된 그 무엇이라면, 이해에 따라 행동한다는 것은 그 고정된 자기 자신이 그 무엇인가를 더 많이 소유하려고 한다는 뜻으로 해석할 수 있다. 분명한 사실은, 사람은 그가 하는 일에 당연히 이득을 위한 관심인 '이해'를 가져야 하고, 그렇지 않으면 그 일을 할 이유가 없다. 일반적인 견해에 나타난 오류는 이해와 자기 자신을 분리하여, 자기 자신은 목적이고, 그것에 대해 사물이나 행위나 그 밖의 것에 대한 관심은 수단이 된다고 생각하는 데 있다.

사실, 자기 자신과 이득을 위한 이해는 동일한 사실을 다른 이름으로 부르는 것이다. 한 사물에 대해 능동적으로 표현하는 관심의 종류와 양이 곧 그 사람의 질을 나타내며 그것을 가늠하는 척도가 된다. 관심이라는 것은 자신과 사물의 활동적, 유동적 '동일성'을 뜻한다. 이를 염두에 두면, 자기 자신을 위하는 것인가 아니면 자신을 버리는 것인가의 문제는 저절로 해결된다.

보다 넓고 큰 자기 자신은 관계를 거부하는 것이 아니라 포섭하는 자아다. 이러한 자아는 이때까지 예측하지 못했던 관련을 자기 자신의 것으로 받아들여 점차 확대한다. 습관은 그 성격상, 지금까지 해오던 방식으로 활동하는 데서 편안한 느낌을 가지는 상태다. 습관의 재조정이라는 것은 거북하고 힘든 노력을 필요로 한다. 다시 말하면, 얘기치 않던 일이 생겨 습관을 수정해야 하는 귀찮은 사태가 벌어지면 지금까지 익숙하게 해오던 일을 자아와 동일시하고 그 새로운 사태에 대해 귀찮다는 생각이나 혐오감으로 등을 돌리게 된다. 이러한 유혹에 빠지는 것은 자아를 좁고 고립된 것으로 생각하고 그것을 완전하게 고정되어 있는 것으로 취급하기 때문이다. 습관으로 굳어진 것은 어떤 것이든, 그것이 과거에 아무리 효율적 기능을 발휘하였더라도, 어느 단계에선가 새로운 상황에 적응할 수 없게 만드는 위험을 내포한다.

비상 시기의 경우, 원리 원칙에 의거하여 행위 한다는 것은 모종의 추상적 원리나 일반적 의무에 따라 행동한다는 뜻으로 해석하기 쉽다. 하지만 사실은 그렇지 않다. 그것은 행위가 벌어지고 있는 상황의 세부적 조건에 얽매어 행동하지 않고, '행동이 따라야 할 원리 원칙'에 의거하여 행동하는 것이다. 예를 들면, 의사가 자신이 행하는 행동이 따르는 원리는 그가 추구하는 목적과 의사로서의 정신, 즉 환자를 돌본다는 일념 자체다. 원리 원칙이라는 것은 활동의 성립 근거가 아니라, 활동의 계속성을 다른 말로 부르는 것에 지나지 않는다. 활동이 그것이 예상되는 결과로 볼 때 바람직하지 못한 것이라면, 원리 원칙에 의거하여 행동하는 것은 나쁜 결과를 더욱 나쁘게 할 뿐이다. 스스로 원리 원칙을 따라 행위 한다고 자처하면서 그것을 자랑하는 사람이 있다면, 그 사람은 대부분 경험에 의해 보다 나은 방도를 배우려 하지 않고 자기가 옳다고 생각하는 그대로 밀고 나가는 사람이다.

그러나 학교는, 그 특성상 학생들에게 바람직한 일을 부과하는 공간이라고 가정하면, 학생들에게 그 일을 계속하도록 하는 추진력은 그 일 전체에 대한 관심에 있다고 보아야 한다. 학생들이 가끔씩 주의나 집중력을 잃는 경우도 있겠지만, 학생의 관심이 그 일 전체에서 크게 이탈하지는 않는다. 한 활동에 계속 종사하면서 점점 그 의의를 심각하게 느끼는 경우가 아니라면, 원리 원칙에 따라 행동한다는 것은 순전히 언어적 구호이거나 일종의 고집스러운 자만, 또는 외적인 고려 사항을 그럴듯한 명분으로 얼버무리는 것에 지나지 않는다.

학생들이 활동을 할 때, 어떤 단계에서, 순간적으로 관심을 잃고 주의가 흩어지며 어떤 형태의 것이든지 격려가 필요할 것이다. 그러나 이 어려운 고비를 넘기게 하는 것은 추상적 의무감이 아니라 일에 대한 관심이다. 의무라는 것은 직분을 말하며, 일반적인 말로 '맡은 일을 하는 것'이다. 자신이 하는 일에 진심으로 관심을 가지고 있는 학생은 잠깐 동안의 좌절을 이길 수 있다. 장애를 당해도 굽히지 않고 계속 일을 해나갈 수 있고, 어려움을 기쁨으로 극복할 수 있다. 그런 학생은 곤란과 장애를 직시하고 극복하는 것을 관심사로 삼는다.

지적 능력과 인격

도덕을 논의할 때 흔히 따라오는 사실 중의 하나는, 도덕을 이성 또는 합리적인 것과 동일하게 생각하는 것이다. 사람들은 이성은 도덕적 직관의 궁극적 원천이 되는 능력이라고 생각한다. 때로는 칸트의 이론에서 보는 것처럼, 이성이 유일하게 올바른 도덕적 동기를 제공하는 것으로 생각한다. 다른 한편으로는, 구체적이고 일상적인 지적 능력의 가치는 끊임없이 과소평가되고, 심지어 공공연하게 경멸당하기도 한다. 도덕은 보통의 지식과는 아무런 상관이 없는 일이라고도 생각된다. 도덕적 지식은 일상의 경험과는 거리가 먼 것이고, '양심'이라는 것은 '의식'과는 근본적으로 다른 것이라고 생각되기도 한다(DE: 26).

이런 구분이 타당성을 가진다면, 그것은 교육에서 대단히 중요한 의미를 지닌다. 학교의 도덕교육이 인격 함양에 궁극적 목적을 두면서, 동시에 학교교육 시간의 주요 부분을 차지하는 지식의 습득이나 이해의 발달이 인격과 아무런 관계가 없다고 생각한다면, 학교의 도덕교육은 거의 가망 없는 일이 되고 만다. 이런 상황에서 도덕교육은 일종의 교리문답식 수업,

또는 '도덕에 관한' 수업이 될 수밖에 없다. '도덕에 관한' 수업이라는 것은, 덕이나 의무에 관한 다른 사람들의 생각을 가르치는 것을 뜻한다. 이런 수업이 조금이라도 효과를 가지는 것은 학생들이 어쩌다 이미 다른 사람들의 생각이나 느낌에 대한 공감과 존경에 마음이 움직였을 경우다. 그러한 존경심이 없을 때, 그 수업은, 미국에 있는 높은 산맥에 관한 정보가 한 개인의 인격에 영향을 줄 수 없는 것과 마찬가지로, 한 인격에 영향을 줄 수 없다. 사실, 도덕을 직접 가르치는 것이 효과를 나타낸 것은, 몇몇 소수의 사람들이 다수의 사람들을 권위적으로 통제하는 사회에서, 그런 노력의 일환으로 도덕 수업이 이루어진 경우다. 그 효과는 가르치는 것 자체의 효과가 아니라, 도덕을 가르치는 일을 한 부분으로 하는 체제 전체가 그런 방향으로 사람들을 몰고 갔기 때문에 생긴 것이다. 민주 사회에서 이런 식의 도덕 수업으로 그와 비슷한 효과를 얻으려는 것은 감상적인 마술의 힘을 빌려고 하는 것과 같다.

한편, 지식과 덕을 동일한 것으로 인식하는 소크라테스나 플라톤의 견해가 있다. 이에 의하면, 알면서 악을 행하는 사람은 아무도 없다. 악을 행하는 것은 오직 선에 관한 지식이 없기 때문이다. 이런 주장에 대해 흔히 하는 비판은, 선을 알면서도 악을 행하는 사람들이 얼마든지 있으며, 선을 행하는 데 필요한 것은 지식이 아니라 습관 또는 실천, 그리고 동기라는 것이다. 예컨대, 아리스토텔레스는 플라톤을 공격하면서, 도덕은 의술과 마찬가지로 기술(art)이라고 하였다. 경험에 의해 실제로 병을 고칠 수 있는 사람이, 이론적 지식이 있으면서도 병이나 치료에 대해 실제 경험이 없는 사람보다 낫다는 것이다. 그러나 문제의 핵심은 '지식이 무엇인가'

라는 데 있다.

아리스토텔레스의 반론은 플라톤의 주장, 즉 '사람은 장기간에 걸친 실제적 습관과 엄격한 훈육을 거치지 않으면 이론적 통찰에 도달할 수 없다'는 점을 도외시 하고 있다. 플라톤의 입장이 실제로 어떤 것인지와 무관하게, 지식이라는 용어는 한편으로 긴밀하고 생생한 개인의 깨달음이고 다른 한편으로 사람들이 일반적으로 이러이러하다고 믿는다는 것을 간접적으로 또 상징을 통해 전해 듣는 것을 의미한다. 이렇게 보면 지식이라는 용어는 전혀 다른 것을 지칭한다. 따라서 지식이라는 용어의 올바른 의미가 무엇인가에 관해 논란을 벌이는 것은 무의미하다.

교육의 목적으로서, 지식이라는 하나의 용어가 여러 가지 의미를 나타내고 있다는 것을 염두에 두고, 여러 가지 경험을 하는 가운데 직접 얻게 된 지식이 행동에 중요한 영향을 미친다는 것을 알면, 그것으로 충분하다. 학생이 교실에서 책을 통하여 배웠다면, 그리하여 교사가 그 학생을 지명할 때 그가 배운 내용을 암송할 수 있게 되었다면, 이 경우의 지식도 어떤 점에서는 행동에 영향을 미친다고 볼 수 있다. 그것은 다른 사람이 시키는 대로 문장을 그대로 외우는 행동을 할 수 있게 되었다는 말이다. 이러한 '지식'이 학교 바깥의 생활에 별로 영향을 미치지 않는다는 것은 당연하다. 그러나 이것을 근거로 지식과 행동을 분리하는 것은 잘못이다. 그것은 이런 종류의 지식이 별 가치가 없다는 것을 보여줄 뿐이다.

엄밀하게 말하면, 학교에서 도덕교육의 문제는 바로 지식을 얻게 하는 작업과 연관된다. 다만, 이 지식은 충동이나 습관과 관련된다. 지식의 내용이 어디에 쓰이는지는 그것이 어떤 관련 속에서 취급되는가에 달려 있다. 금고털이와 도둑이 다이너마이트에 관해 가지고 있는 지식은 그것이 표현되는 언어적 형식에서 화학자의 지식과 완전히 동일하다. 그러나 실제로 그것은 각각 상이한 목적과 습관의 관련 속에 짜여들어 있다. 때문에 그 의미가 서로 다르고 동일한 지식이 아니다.

목적이 있는 활동, 또 다른 사람과의 협동을 필요로 하는 활동에 종사하는 가운데 학습되는 내용은, 의식적으로 그렇게 부르건 않건 간에 도덕적 지식이다. 왜냐하면 그것은 사회적 관심을 조성하며, 그 관심이 실제적 측면에 효과를 나타내는 데 필요한 지적 능력을 부여해 주기 때문이다. 학교의 교육과정에 포함되어 있는 내용은 그것이 사회생활의 표준적 요인을 대표한다. 바로 그런 이유에서 교육과정은 사회적 가치에 입문시키는 수단이 된다. 그것이 단순하게 학교의 교과에 그친다면, 그것을 습득하는 것은 기술적 가치를 가질 뿐이다. 그렇지 않고, 그것이 가지고 있는 사회적 의의가 충분히 살아나는 조건하에서 습득된다면, 교과는 도덕적 관심을 일깨우고 도덕적 통찰을 발달시켜 준다. 개방적 태도, 집중력, 성실성, 폭넓은 관점, 철저성, 자신이 옳다고 생각하는 아이디어의 결과를 실현시킬 책임을 떠맡는 것, 이 모든 것들이 도덕적 특성이다.

사회적인 것과 도덕적인 것

지금까지 비판해 온 이분법적 사고는 도덕을 지나치게 좁게 파악하는 데서 생기는 병폐다. 이러한 좁은 도덕관은, 사회적으로 필요한 일을 효과적으로 하는 능력과 상관없이 다분히 감성적 선의를 내세운다. 다른 한편으로는 관례와 전통을 지나치게 강조함으로써 도덕을 명확하게 규정된 행동의 목록으로 국한시킨다(DE: 26).

도덕은 다른 사람과의 관계에 관한 행위 전체를 포괄하는 넓은 개념이다. 행위를 할 당시, 그 행위의 사회적 관련성을 생각하지 않고 하는 행동이라 하더라도, 우리의 모든 행위는 잠재적인 도덕적 행동이라고 보아야 한다. 왜냐하면 우리의 행위는 하나하나가 습관의 원리에 의해 성향에 수정을 가하기 때문이다. 모든 행동은 일정한 경향과 욕망을 일으킨다. 그리고 강화된 습관은 다른 사람과 사귀는 데 언제든지 직접 외부적 영향을 나타낼 가능성이 있다. 우리가 가지고 있는 인격 특성 가운데 어떤 것은 대인 관계에서 주요한 역할을 한다. 그런 것들이 특별히 '도덕'이라고 강조된다. 성실, 정직, 의리, 우애 등이 그런 것들이다. 우리가 이런 것을 도덕이라고 부르는 것은, 오직 그것이 다른 태도에 비해 핵심적인 부분을 이루고 있기 때문이다. 이러한 핵심 도덕에는 다른 태도들이 부수적으로 붙어 있다. 위의 덕목들을 도덕이라고 강조해서 부르는 것은 그것들이 고립되어 있고 그것들만 도덕을 이루고 있어서가 아니라, 그것들이 수많은 다른 태도들과 밀접하게 관련되어 있기 때문이다. 그것만을 따로 떼 내어 도덕이라고 부르는 것은, 인체의 골격만을 가지고 그것을 사람의 몸이라고 하는 것과 같다. 뼈대가 중요한 것은 틀림없는 사실이지만, 그것이 중요한 이유는 뼈대가 몸의 다른 기관을 지탱하고 있어 몸 전체가 효과적인 활동을 할 수 있도록 해주기 때문이다.

우리가 특별히 '덕'이라고 이름 붙이는 인격 특성도 이와 마찬가지다.

도덕은 인격의 한 부분만을 따로 떼 내어 지칭하는 것이 아니라 인격 전체를 지칭한다. 인격 전체라는 것은 구체적으로 구성되어 있고 특성을 지니고 있는 그 사람 전체를 말한다. 덕을 소유하고 있다는 것은 우리가 보통 덕이라고 이름 붙이는 소수의 특징만을 따로 개발해 있다는 뜻이 아니다. 삶의 모든 직분을 수행하면서 다른 사람들과 마주하는 동안에 나타나는 그 사람의 인간됨이 원만하고 적절하다는 의미다.

결국, 행위의 사회적 측면과 도덕적 측면은 서로 동일하다. 그러므로 이것은 교육의 사회적 기능에 관한 내용이다. 학교의 행정, 교육과정, 수업 방법의 가치는 그것이 어느 정도로 사회적 정신을 띠고 있는가에 따라 판단된다고 한 말의 의미를 다시 한 번 드러내어 강조하는 것에 지나지 않는다. 사회의 운영을 위협하는 것은 사회정신이 사회의 구석구석에 스며들도록 하는 조건이 결여되는 데 있다. 이는 효과적으로 실천되고 있는 도덕교육 최대의 적이다.

도덕에 관한 좁은 견해는 교육에서 바람직한 목적과 가치 그 자체가 도덕이라는 것을 인식하는 데 방해가 된다. 도야, 인성 계발, 교양, 사회적 효율성, 이 모든 것들이 도덕적 특성이다. 그것은 교육이 증진하려는 사회 성원으로서, 손색이 없는 사람이 나타내는 특성들이다. 이런 것들은 주고받는 것이 균형을 이루는, 경험에 고귀하게 참여하는 능력이 점차 성장해 나가는, 교육과정, 삶의 과정에서 생성하는 여러 측면을 가리킨다. 교육은 단순히 살기 위한 수단이 아니다. 교육은 바로 그 삶이다. 그러한 교육의 능력을 계속 간직하는 것, 그것이 도덕의 본질이다.

예술의 기원, 경험

듀이는 경험에 고귀하게 참여하는 능력, 그것이 점차 성장해 나가는 것을 도덕이라고 했다. 도덕은 특별한 차원에서 인간이 지켜야하는 윤리나 예절에 머무르지 않는다. 도덕은 이제 예술이라는 미학적 표현을 빌려 삶을 아름답게 치장한다. 이런 점에서 듀이의 도덕은 그의 예술론으로 환원한다. 다시 말하면 듀이는 경험과 자연의 문제를 예술의 문제로 환원시킨다. 예술은 경험의 절정이자 자연의 정점을 이루는 사건이다. 자연은 사건의 통시적 국면이고 역사는 공시적 국면이다. 그것이 연속성을 띨 때 예술로 승화한다. 이런 점에서 예술은 궁극성과 완성으로 귀결되는 직접적 성질을 소유하고 있다. 그것이야말로 인간 생명력의 확충 과정이다(정순복, 2001).

예술이라고 할 때, 보통 사람들은 대부분 예술가들의 활동을 떠올리기 쉽다. 그러나 듀이에게서 예술은 인간의 경험과 삶, 교육과 밀접한 동시에 거의 동의어처럼 느껴진다. 예술(art)이란 표현은 라틴어 아르스(ars)에서 유래했다. 아르스는 그리스어 테크네(technē)를 번역한 것이다. 이때 테크네와 아르스는 오늘날 일반적으로 말하는 예술과 동일한 의미가 아니다. 그리스 시대의 테크네, 즉 로마시대에서 르네상스시대까지의 아르스는 기술(skill)과 같은 말이었다. 물건이나 집, 동상, 선박, 침대, 도기, 의복 따위를 만드는 데 필요한 기술과 나아가 군대를 지휘하거나 땅을 측정하거나 청중을 사로잡는데 필요한 기술을 의미했다. 이러한 모든 기술이 예술이라고 불리었다.

그런 기술에는 건축가의 예술, 조각가의 예술, 도공의 예술, 양복장이의 예술, 전략가의 예술, 기하학자의 예술, 수사학자의 예술 같은 것이 있었다. 기술은 규칙(rules)에 관한 지식에 의거한다. 때문에 규칙이 없는 것, 법식(法式, precepts)이 없는 것은 예술이 아니었다. 고대와 중세 사람들의 예술에 대한 이러한 이해는 오늘날보다 상당히 범위가 넓었다. 그것은 순수 예술뿐만 아니라 수공업 기술까지 포괄했다.

그러나 15세기 르네상스 이후, 그 이전에는 수공업 기술까지 포괄하던 예술의 개념에 변화가 생기기 시작했다. 회화와 조각, 건축, 음악, 시, 연극, 무용 등이 별개의 예술군을 이루었다. 그리하여 예술은 사물을 재현하고 형식을 구성하며 경험을 표현하는 의식적인 인간 활동이 되었다. 여기에서 재현이나 구성이나 표현의 산물은 기쁨이나 감정이나 충격을 가져올 수 있는 그런 것이다(타타르키비츠, 이용대 옮김, 1990: 52).

이런 이해와 달리, 존 듀이에 의하면, 예술의 기원은 인간의 경험에 기초한다. 우리가 일상에서 접하는 음악, 그림, 건축, 조각, 연극, 드라마 등 다양한 예술 활동은 과거에서 현재까지 각 시대 사람들의 삶의 일부분이었다. 한 시대를 살았던 사람들에게 모든 활동은 일상의 생활이었고, 일상의 경험이었으며, 그것이 기록되어 작품이라는 결과물로 남은 것이다(박주희, 2015: 33). 예술에 관한 듀이의 인식은 아주 분명한 것 같다. 지금까지 그가 놓치지 않고 주목해온 일상의 삶에 그 해답이 존재한다. 듀이는 말한다.

미적인 것을 올바로 이해하기 위해서는 예술작품을 낳게 한 일상적 경험 사태에서 시작해야 한다. 일상적 경험 사태는 사람들의 이목을 집중하게 하는 일이 실제로 일어나는 곳이며, 사람들의 관심을 불러일으키고 즐거움을 주는 그런 사건 현장이다. 그것은 맹렬한 속도로 달려가는 소방차, 가파른 절벽을 기어오르는 사람, 고층건물 공사장 꼭대기에 있는 강철 빔 위에 서서 볼트를 주고받는 공사장의 인부들과 같이 군중의 마음을 사로잡는 광경을 말한다. 운동선수의 탄력적 육체의 우아함이 관중들의 마음을 사로잡는 광경을 보는 사람, 화초를 가꾸는 가정주부의 기뻐하는 모습이나 집 앞 정원을 관리하는 남편의 흥거운 모습을 바라보는 사람, 불타는 장작더미 속으로 장작을 던지며 삼킬 듯한 화염 속에서 무너지는 장작더미를 바라보는 숯 굽는 인부의 모습을 보는 사람, 바로 이런 사람이야말로 예술이 인간 경험 속에 기원을 두고 있다는 사실을 누구보다도 잘 깨달을 수 있는 사람이다. 이런 점에서 보면, 예술은 이른 바 예술가의 전유물이 아니다. 해야 할 일을 열심히 하며 하는 일 속에서 기쁨과 만족을 발견하고, 진정한 애정을 가지고 재료와 연장을 다루는 기술자는 예술적 활동에 종사하는 것이나 다름없다(AE: 1).

예술은 처음부터 예술가 집단만이 누릴 수 있는 특별하고 대단한 것이 아니다. 그것은 사람이라면 누구나 자신의 일을 하면서 살아가고 있듯이, 그저 평범한 일상에서 출발한다.

이러한 듀이의 사유는 충격적이다. 기존의 예술가들, 또는 예술에 관심 있는 사람들이 볼 때, 듀이는 도무지 예술의 경지를 이해하지 못하는, 또는 예술을 일상의 차원으로 세속화하는 철학자로 인식할 수도 있다. 하지만 듀이가 의도하는 예술의 본질적 차원은 다른 데 존재한다. 그것은 예술을 삶과 분리시키는 이분법에 대한 경계다.

예술에 대한 이분법

듀이는 일상의 삶과 예술의 서로 다른 영역으로 구분하는 것을 비판한다. 듀이에게서 예술은 일상 경험과 밀접하다. 그런데 근대 예술은, 이른바 '순수예술'이라는 명목 아래 갇혀 버렸다. 순수예술과 대중예술(혹은 실용예술, 응용예술 등), 고급예술과 저급예술, 예술형식과 예술내용 등, 이렇게 예술을 구분할 수 있는가? 예술에 대한 이분법적 구분은 특별한 논리적 근거에서 비롯된 것이 아니다. 세상을 지배하는 기득권에 의해 관습적으로 그렇게 구분한 것이다. 듀이는 그 역사적 이유를 이렇게 정돈한다.

대부분의 유럽 박물관은 국수주의나 제국주의의 융성에 따른 기념물이다. 당시 강대국들은 수도에 회화나 조각 등을 전시하는 박물관을 건설하였는데, 그 이유는 두 가지다. 하나는 자기 나라의 과거 예술의 위대함을 과시하기 위한 국수주의의 표현이고, 다른 하나는 다른 나라로부터 빼앗은 전리품을 전시하기 위한 제국주의의 표현이다. 또한 자본주의의 발달도 예술작품을 보관하는 것을 고유의 기능으로 하는 박물관이라는 기관을 만들어 냈다. 그 결과 예술작품이 일상생활에서 분리된 것이라는 생각을 형성하는 데 결정적 영향을 미쳤다. 신흥재벌들은 진귀하고 값비싼 예술품들을 수집하여 자기 주변을 치장하였고, 그것이 높은 교양을 지닌다는 증표로 과시되었다. 원시사회에서는 예술작품과 삶이 긴밀하고 생생한 관련을 맺고 있었는데 반해, 오늘날에는 예술작품과 사회와의 긴밀한 관련이 상당부분 시장의 비인간성 속에서 사라지고 만다(AE: 1).

이런 역사적 상황들이 예술을 일상과 동떨어지게 만든 이유다. 다시 말하면, 듀이는 제국주의의 발흥과 자본주의 및 산업의 발달이 예술의 의미를 피폐화시켰다고 인식한다. 그것은 예술적 경험과 정상적 삶의 과정 사이의 파열음을 발생시킨다. 순수예술이라는 이름하에 예술이라는 이름의 이데올로기가 강하게 작용하는 상태다. 예술이 생활과 분리되어 박물관이나 미술관에서 전시만 되고 있다.

제국주의의 발흥과 자본주의 및 산업의 발달과 같은 모든 힘들이 종합적으로 실행된다면, 현대사회에서 생산자와 소비자 사이에 일반적으로 존재하는 큰 차이를 만드는 조건들은 보통의 경험과 예술적 경험 사이에 틈새를 만든다. 정상적인 것처럼 받아들여지는 이 양자의 틈새에 대해, 예술철학은 아무 것도 서식하지 않는 영역에 예술을 올려놓고 예술적인 것의 관조적 성격만을 비이성적으로 강조한다. 여기서 가치의 혼란이 일어나고 예술의 단절을 강하게 일으킨다. 수집, 전시, 소유, 과시의 즐거움과 같은 우연히 겪는 것들이 예술적 가치를 자극한다(AE: 1).

이러한 예술적 폐해는 일상 경험과 예술적 경험을 분리시킨다. 그리고는 예술이라는 이름의 관조적 성격의 미학을 강조한다. 이는 가치관의 혼란과 예술의 단절현상을 낳는다. 듀이가 일상으로 돌아가려는 이유도 여기에 있다.

일상적 경험과 예술작품

인간의 일상을 이루는 유기체적 상황, 혹은 사건으로서의 교호작용은 활력 넘치는 기운들의 역동적 연관성으로 이루어져 있는 거대한 장(場, field)이다. 이러한 장은 일상을 지배하고 있는 생명력 넘치는 기운들이 질적으로 상호 교류하면서 우주 삼라만상에 존재하는 그 모든 것들에게까지 무한히 퍼져나가고 끊임없이 확장된다. 그런 만큼 일상은 일련의 중복되고 상호 침투적인 의미 층들로 이루어져 있다. 때문에 그것은 직접적으로 느껴지고 소유되는 성질을 지닌다. 동시에 직접적으로 향유되기도 하고 비판적으로 평가되기도 하면서 리듬을 타는 가운데 미적 의미를 획득한다. 요컨대, 일상에 존재하는 그 모든 것들은 존재론적으로 충만하고 총체적이면서 완전하고도 자기 충족적인 완전무결함을 드러내 보인다. 이 일상의 미적 리듬은 생동감 넘치는 기운들의 유기적 통합을 통해 유기체의 생명력을 확충한다. 그것은 인간의 경험으로서 삶의 예술과 맞물려 있다(정순복, 2004; 김기수, 2009).

때문에 듀이는 일상적 경험에서 예술작품이 나온다고 주장한다. 예술작품은 유기적이고 환경적인 조건과 에너지의 상호작용으로부터 나온 통합적 경험을 구축한다. 이때 표현된 사물은 예술작품을 구성하는 표현 행위의 순간적 방출이 아니라 상당한 시간을 요청하며 세우고 쌓아서 만드는 작업이다. 이렇게 작품을 구성하는 매개체, 혹은 매개체를 통한 자아의 표현은 자아와 객관적 조건과의 상호작용을 의미한다. 자아와 객관적 조건과의 상호작용 과정에서 양자 모두에게 처음에는 없었던 형태와 질서를 획득하는 과정이 다름 아닌 예술이자 예술작품의 성격이다. 어떤 주제에 대해 깊은 관심을 가질수록 이전 경험으로부터 도출된 태도와 의미의 저장고를 휘저어 약동시킬 수 있다(김연희, 2008a: 7). 이런 사유는 예술과 일상 경험의 동질화이자 일상의 경험이 예술이라는 표현과 동의어가 된다. 듀이의 설명은 의미심장하다.

꽃은 씨앗과 토양, 공기, 습도와 같은 환경적 조건의 상호작용에 의해 피어난다. 그런데 꽃이 피어나는 것에 대한 지식이 없어도 꽃을 감상하는 데는 아무런 문제가 없다. 그러나 꽃이 피어나기까지 여러 가지 상호작용을 파악하지 않고 꽃이 어떻게 피는지 이해하는 것은 불가능하다. 이론은 감상의 문제가 아니라 이해의 문제다. 예술을 이론으로 다룰 때, 예술은 작품을 창작하고 작품을 지각하면서 즐거움을 얻는 경험의 성격을 밝히는 데 관심을 갖는다. 즉 예술이론은 '매일 이루어지는 일상적인 일들이 어떻게 하여 예술적 창작의 형태로 발전하는가?' 또는 '일상적 장면과 상황에 대한 향유가 어떻게 미적 경험을 수반하는 특별한 만족감으로 발전되는가?'라고 하는 것과 같은 물음에 답할 수 있어야 한다. 우리가 미적인 것으로 생각하지 않는 일상적 경험내용에서 미적인 것으로 발전하는 씨앗을 찾아내지 못한다면, 그 문제에 대한 답은 결코 발견할 수 없다. 실제 경험 속에서 작용하는 씨앗이나 뿌리를 찾아내고 이를 추적할 때, 우리는 일상적 경험이 예술의 형태로 발전하는 과정을 이해할 수 있다(AE: 1).

예술은 일상에서 꽃이 피어나는 원리를 경험하는 일에서 출발한다. 피어난 꽃에 응축되어 있는 의미를 가슴에 품고 감상을 찾아가는 작업이다.

그냥 피어난 꽃을 객관적으로 바라보는 일이 아니다. 이런 점에서 예술은 일상의 경험에서 시작한다. 문제는 경험, 미적 경험이 발생하는 경험이다. 듀이는 이론상 미적 경험이 발생하지 않는 세계를 두 가지로 상정한다 (AE: 1). 하나는 일정한 패턴 없이 단순히 변화만 있는 세계다. 이런 세계에서 변화는 질서를 만들 수 있을 만큼 누적되지도 않고, 종결을 향해 나가지도 않는다. 다른 하나는 완성되고 완전한 세계다. 이런 세계에서는 불안과 위기가 조금도 있을 수 없고 불안과 위기를 해결할 수 있는 기회조차 제공되지 않는다. 그렇다면 미적 경험이 발생하여 예술로 인도하는 것은 어떤 상태에서의 경험일까?

> 우리가 사는 현실세계는 안정된 상태나 균형이 파괴되는 분열의 운동과 부족한 상태에서 출발하여 충족된 상태에 이르는 재통합의 운동, 즉 분열과 재통합이 공존한다. 우리의 경험이 미적 특성을 지닐 수 있는 것은 바로 우리가 이런 세상에 살기 때문이다. 생명체는 주위 환경과의 균형이 무너지고 다시 균형을 회복하기를 반복하며 살아간다. 생명체는 혼란된 상태에서 조화와 균형을 찾아나가며 조화와 균형을 회복하는 순간이야말로 생명체에게는 가장 강렬한 생존의 순간이다. 완성된 세계에서는 모두가 완전하고 완성된 상태에 있기 때문에 더 좋고 더 나쁜 것을 구별하는 것은 불가능하며 그런 구분을 하는 것도 무의미하다. 또한 완전히 혼란스러운 세계에서는 무엇을 가지고 어떻게 해볼 수 있는 길이 전혀 존재하지 않는다. 완성과 미완성이 공존하며 주기적으로 등장하는 우리가 사는 세계, 우리의 노력 여하에 따라 일정한 패턴이 만들어지는 세계에서만 진정한 의미에서 성취의 순간들이 있다. 그리고 일정한 시간 간격을

두고 주기적으로 나타나는 이 성취의 순간에 기쁨과 슬픔, 환희와 절망을 느끼는 것과 같은 미적으로 향유할 수 있는 경험이 등장한다(AE: 1).

미적 경험이 발생하여 예술적 경지로 인도되는 인간의 삶은 그 자체가 아름다운 예술작품이다. 인간의 세계는 어찌 보면 원초적으로 혼돈 자체다. 안정과 분열의 공존에서 다시 통합으로, 균형의 붕괴와 회복의 반복, 혼란 속에서의 조화와 균형, 완성과 미완성이 공존하면서도 주기적으로 등장하는 이 세계에서 인간의 삶은 무엇인가? 듀이는 말한다. 그것은 우리의 노력에 따른 성취의 순간들, 그리고 그 성취의 순간에 기쁨과 슬픔, 환희와 절망을 느끼는 것과 같은, 미적으로 향유할 수 있는 경험이라고. 삶은 끊임없는 경험의 재구성이다. 삶 자체가 교육이고 교육 자체가 삶이기에 교육은 경험의 재구성이다. 이 경험의 미적 승화가 우리 인생에서 가장 위대한 예술작품이다. 그러기에 듀이의 교육철학은 교육을 통해 우리 삶 자체를 일상의 예술로 향유하려는 의지를 담고 있다.

하나의 미적 경험, 그 삶의 미학

인간은 환경과 끊임없이 상호작용한다. 그것은 지금까지 누누이 강조해 왔듯이, 인간 삶의 세계에서 계속적으로 경험이 일어난다는 의미다. 상당수의 경험은 주의가 산만하고 외부로부터의 장애나 내면의 무기력으로 인해 경험의 중단 사태를 맞기도 한다. 반면, 일상에서 경험하는 사건이 순조롭게 완성에 다다를 때, 완결되고 매듭지어진 '하나의 경험'이 이루어진다.

　마주친 문제가 해결되고, 몰입하고 있던 작품이 마무리 되며, 즐기던 게임의 승부가 가려지고, 사람들과 나누던 대화나 집중해서 집필하던 글쓰기가 종료되었다. 하지만 그 최종 결말은 중지되지 않았다. 현재 진행하고 있던 작업이 하나의 완성을 이루고 하나의 통일체를 얻었다. 이때, 비로소 하나의 경험이 이루어진다. 통일체를 이룬 하나의 경험에는 연속적 융합이 일어나고 있다. 때문에 어떤 틈도, 기계적으로 결합하는 접합점도 없다. 이 하나의 경험은 예술가가 작품 하나를 만족스럽게 종결하고, 게이머가 게임을 마지막까지 온전하게 진행하며, 의사가 성공적으로 수술을 마치는 것과 같이 하나의 통일체다. 그 경험은 한 단위의 작업에서 통합적 특질을 의식적으로 강렬하게 드러낼 만큼 조직적으로 탄탄하게 구성되어 있다(박연숙, 2007).

　이렇게 탄생한 예술가의 작품을 비롯하여, 모든 인간이 삶의 과정에서 빚어낸 모든 작품은, 단순하게 형체만을 지닌 물질적 실체가 아니다. 예술가의 예술적 활동 모습에 비추어 보면 그것을 쉽게 확인할 수 있다. 예술가가 작품을 만들기 위해 행하는 것은 사고가 개입되지 않은 단순한 육체적 움직임이 아니다. 그것은 오히려 '사고의 한 양태'다. 나아가 그것은 관련되는 사안을 포착하여 표현하려는 구체적 활동이다. 뿐만 아니라 그 활동들의 전후 관계나 최종 작품과의 관련 속에서 진행 중인 활동의 의미를 쉴 새 없이 분석하고 평가하는 것을 포함한다. 이런 점에서 예술적 활동은 '행하는 것', '사고하는 것', 그리고 '감상하는 것' 사이의 긴밀한 연관이

자, 이 세 가지는 서로 통합되어 있다(박철홍, 1995, 92).

예술가의 활동처럼, 삶이 녹아든 인간의 경험은 복잡한 상호작용 과정에서 발생한다. 행위와 사고, 그리고 그것을 비평하는 태도가 어우러진다. 그것은 오직 교호하는 삶 자체에서만 경험할 수 있다. 예술 작품과 마찬가지로 인생이라는 우리 삶의 작품은 고정된 하나의 의미로 존재하는 것이 아니다. 미적으로 경험될 때마다 재창조 된다. 이런 차원에서 예술작품의 의미는 하나로 고정되어 있지 않다. 마찬가지로 우리 삶의 미학도 고정되어 있지 않다.

그런 만큼, 인간의 일상에서 벌어지는 미적 경험은 생명력 넘치는 에너지들의 조화와 통일을 통해 미적 리듬을 출현시킨다. 미적 경험은 일상의 단조로움과 기계적 반복을 탈피하고 그 자리에 질서와 변화를 부여하여 사건으로서의 미적 문제 상황을 구성한다. 그것이 다름 아닌 인간의 일상, 삶이다(김기수, 2009). 이때 삶은 자연의 유기체인 인간과 그 삶의 일상이 자연과 조화를 이룬 통합의 장이 되고, 그 자체로 미적 세계를 형성한다. 자연과의 조화를 이룬 통합의 미적 경험은 불안정한 것들을 제거하고 통일감과 안정감을 이룬 인간 세계의 조성이다.

인간의 미적 경험은 삶 그 자체로서 지니는 어떤 미적인 요소를 지니고 있다. 그 신비로움과 경이로움의 의미가 일종의 층으로 드러나는 것이 우리의 일상이다. 때문에 우리의 삶은 유기체로서 인간의 생명력을 확충하고, 생명력을 확충해 나가는 '하나의 미적 경험'으로서 의미 있는 장이 된다. 미적 경험으로 충만한 유기체의 일상, 우리 인간의 삶은 우리가 속해 있는 세계와 끊임없이 생명력 넘치는 에너지를 상호교류하면서, 우리의 유기적 생명력을 확충해 나가는 역동적 율동의 장을 만든다. 그것이 우리 삶의 미학이다.

경험, 성장, 학습, 관심, 사고, 지식, 교육 등, 이 모든 것은 우리 삶에 생명력을 불어 넣는 창조적 발견이요 도덕이자 예술이다. 그것은 제 각각의 생명력을 지니고 있음은 물론 서로가 서로에게 교호작용을 하며 녹아들어 갱신을 통한 생산성을 배가하고, 보다 알찬 도덕과 예술의 질을 담보하며 새로움을 지속한다. 그 새로운 생명력의 확충과 지속은 세상 모든 존재들이 상생하고 공존하는 미적 지평을 형성한다.

참고문헌

1. 듀이 원저

John Dewey. edited by Southern Illinois University (System)(1967-1972). *The early works: 1882-1898. The collected works of John Dewey 1882-1953*. Carbondale: Southern Illinois University Press.

John Dewey. edited by Jo Ann Boydston(1976-1980). *The middle works: 1899-1924. The collected works of John Dewey 1882-1953*. Carbondale: Southern Illinois University Press.

John Dewey. edited by Jo Ann Boydston(2008). *The later works, 1925-1953. The collected works of John Dewey 1882-1953*. Carbondale: Southern Illinois University Press.

John Dewey(1916). 김성숙·이귀학 옮김(2008). 『민주주의와 교육/철학의 개조』. 동서문화사.

John Dewey/김준섭 옮김(1992), 『확실성의 탐구』. 백록

John Dewey/박철홍 옮김(2008). 『아동과 교육과정/경험과 교육』. 문음사.

John Dewey/박철홍 옮김(2016). 『경험으로서의 예술』1,2 나남.

John Dewey/신일철 옮김(1982), 『인간성과 행위』. 문명사.

John Dewey/오천석 옮김(1980). 『경험과 교육』. 박영사.

John Dewey/이연기 옮김(1975), 『학교와 사회』. 박영사

John Dewey/이유선 옮김(2010), 『철학의 재구성』. 아카넷.

John Dewey/이재언 옮김(2003). 『경험으로서의 예술』. 책세상.

John Dewey/이홍우 옮김(2009), 『민주주의와 교육』. 교육과학사.

John Dewey/정희욱 옮김(2011), 『하우 위 싱크-과학적 사고의 방법과 교육』, 학이시습.

John Dewey/조용기 옮김(2010), 『흥미와 노력 그 교육적 의의』, 교우사.

John Dewey/조용기 옮김(2011), 『교육의 도덕적 원리』, 교우사.

2. 듀이 교육철학 관련 논저 및 기타 자료

George F. Kneller/정희숙 역(1990). 『교육철학입문』. 서광사.

Leo Struss/양승태 역(2002). 『정치철학이란 무엇인가』. 아카넷.

Peters, R. S./정희숙 역(1989). 『교육철학자 비평론』. 서광사.

Richard J. Bernstein(2009). 「존 듀이의 급진적 민주주의의 비전」. 「문명과 평화 그로 벌포럼」

강승규(1991). 「존 듀이의 판단이론 연구」. 고려대학교 박사학위논문.

강승규(1993). 「존 듀이의 교육철학을 집대성한 『민주주의와 교육』」. 「우리교육」(중등) 1993년 6월호(통권40호).

강승규(1994). 「존 듀이의 선형성과 교육적 의미」. 「안암교육학연구」 1-1.

곽준식(1990). 「듀이 도덕교육론의 도덕적 상황과 지성의 역할에 관한 고찰」. 「국민윤리연구」 29.

곽준식(1998). 「존 듀이 자유개념분석과 도덕교육」. 「진주산업대학교 논문집」 37.

곽준식·김순자(1996). 「존 듀이 예술교육론」. 「진주산업대학교 논문집」 35.

곽철규(1983). 「존 듀이의 교육적 성장론」. 「충북대학교 논문집」 26.

곽철규(1984). 「존 듀이의 지식과 행위론」. 「충북대학교 논문집」 28.

곽철규(1986). 「존 듀이의 지식론에서 조명한 교육사상연구」. 중앙대학교 박사학위

논문.

곽철규(1990). 「John Dewey의 사회철학: J. Dewey의 사회개혁론」. 「호서문화연구」 9.

곽철규(1992). 「존 듀이의 예술 철학」. 「호서문화연구」 10.

권선영(1988). 「존 듀이에 있어서 행위에 관한 연구」. 부산대학교 박사학위논문.

권선영(1998). 「존 듀이의 경험의 재구성에 관한 연구」. 「부산교대 초등교육연구소 초등교육연구」 13.

권선영(2000). 「존 듀이 철학에 있어서의 경험의 분석」. 「대동철학」 11.

김경희(2005). 「듀이 경험이론에 근거한 평생교육관점의 개념적 토대 탐색: 지식창출과 성장」. 「평생교육학연구」 11-2

김규옥(1996). 「듀이의 경험이론에 비추어 본 도구주의의 재해석」. 「교육원리연구」 1.

김기수(2009). 「일상과 음악과의 연속성 매개로서의 미적 경험: 듀이의 예술철학을 중심으로」. 「음악교육」 10.

김동식(2000). 「듀이의 도구주의에서 경험과 탐구의 개념」. 「육사논문집」 56-3.

김동식(2005). 『듀이: 경험과 자연』. 울산대학교 출판부.

김무길(2000). 「존 듀이의 지식론과 Transation에 관한 연구」. 성균관대학교 박사학위논문.

김무길(2001a). 「듀이의 교육적 경험론에 내재된 Transaction의 의미」. 「교육철학」 25.

김무길(2001b). 「듀이의 교호작용과 언어관」. 「교육철학」 26.

김무길(2004). 「듀이의 상황개념과 교육」. 「교육철학」 32.

김무길(2005). 「구성주의와 듀이 지식론의 관련성: 재해석」. 「교육철학」 34.

김무길(2006). 「듀이 교육론에 나타난 '지식교육'의 위상: '인식론적' 문제의 재고찰」. 「교육철학」 37.

김무길(2008). 「듀이의 흥미개념 재이해와 그 교육적 함의」. 「교육철학」 42.

김병길·송도선(1995). 「존 듀이의 경험 개념」. 「교육철학」 13.

김병길·송도선(1997). 「존 듀이의 종합적 사고의 형성 배경」. 「교육철학」 15.

김병길·송도선(2000). 「듀이의 습관 개념」. 「교육철학」 18.

김연희(2008a). 「존 듀이의 미적 비평과 교육적 함의」. 「미학」 54.

김연희(2008b). 「존 듀이의 질적 사유와 예술교육: 예술교육과 지식교육의 통합적 접근을 위하여」. 홍익대학교 박사학위논문.

김재건(2002). 「듀이의 경험론의 재고찰」. 「교육과정연구」 20-1.

김정금(1992). 「John Dewey 학교론」. 「교육철학」 10.

김준섭(1973). 「듀이의 경험과 지성과 자유의 철학」. 「철학논구」 2

김태길(1990). 『존 듀이의 사회철학』. 명문당.

노진호(1995). 「듀이의 반성적 사고와 교육론에 관한 연구」. 정건영 외. 『듀이 교육론의 이해』. 문음사.

노진호(1996). 『존 듀이의 교육이론: 반성적 사고와 교육』. 문음사.

마틴 드워킨/황정숙 옮김(2013) 『존 듀이 교육론: 존 듀이가 쓴 교육에 관한 기록들』. 씨아이알

박봉목(2005). 「듀이 교육사상에 대한 비판과 재평가-사회철학적 측면에서 프래그마티즘을 중심으로」. 「교육철학」 27.

박연숙(2006). 「듀이의 경험 미학과 예술 교호작용」. 이화여자대학교 박사학위논문.

박연숙(2007). 「존 듀이의 경험 개념에 근거한 미적 무관심성 비판」. 「철학연구」 104.

박영근(2003). 「존 듀이의 반성적 사고와 창의성 교육과의 관련성에 관한 연구」. 경성대학교 박사학위논문.

박영근·천정미(2003). 「존 듀이의 반성적 사고와 창의성 교육」. 「교육사상연구」 13.

박영환(1987). 「듀이의 성장이론과 교육목적」. 「교육철학」 5.

박주희(2015). 「존 듀이의 미적 경험에 토대한 예술교육 연구」. 고려대학교 박사학위논문.

박준영(1988). 『교육철학-John Dewey의 교육철학과 지성』. 교학연구사.

박준영(1995). 『John Dewey의 교육사상』. 경성대학교 출판부.

박준영(1998). 『John Dewey의 도덕 교육론』. 경성대학교 출판부.

박준영(2001). 「Jonh Dewey의 흥미개념과 교육」. 「인문과학논총」 3.

박준영(2015). 『실용주의 철학의 교육담론-John Dewey 프래그머티즘 철학의 지성주의 교육담론』. 교육과학사.

박철홍(1993). 「존 듀이의 성장 개념의 재이해: 듀이의 존재론에 비추어 본 잠재가능성의 의미」. 「교육철학」 11.

박철홍(1995). 「듀이의 '하나의 경험'에 비추어 본 교육적 경험의 성격: 수단으로서의 지식과 내재적 가치의 의미」. 「교육철학」 13.

박철홍(1996). 「경험 개념의 재이해-듀이의 연구에 대한 반성과 교육학적 과제」. 강영혜 외. 『현대사회와 교육의 이해』. 교육과학사.

박철홍(2008). 「총체적 지식의 함양으로서 공부: 듀이의 교변작용에 비추어 본 공부의 의미와 성격」. 「교육철학」 34.

박철홍(2011). 「듀이의 경험 개념에 비추어 본 사고의 성격: 이성적 사고와 질성적 사고의 통합적 작용」. 「교육철학연구」 33-1.

박철홍(2013). 「'하나의 경험'에서 작용하는 사고의 특성에 비추어 본 탐구의 성격: 반성적 사고 단계의 앎에 대한 분석」. 「교육철학연구」 35-1.

박철홍·윤영순(2007). 「듀이의 경험론에서 본 지식의 총체성과 탐구의 성격: 메논의 패러독스 해소방안」. 「교육철학」 38.

박철홍·최재목(2006). 「良知와 總知에서 본 지행합일: 양명과 듀이의 만남」. 「도덕교육연구」 18-1.

배영주(1999). 「듀이의 경험론에 비추어본 경험학습론」. 「평생교육연구」 5.

백인종(2009). 「존 듀이의 사상에 있어서 지성과 교육」. 경상대학교 박사학위논문.

송도선(1998a). 「존 듀이의 경험 중심 교육론」. 경상대학교 박사학위논문.

송도선(1998b). 「존 듀이의 경험의 구조」. 「교육철학」 20.

송도선(2009a). 「듀이철학에서 경험 연속성의 교육적 함의」. 「교육사상연구」 23-3.

송도선(2009b). 『존 듀이의 경험 교육론』. 문음사.

송선희(1993). 「Dewey의 사회개조론과 교육」. 계명대학교 박사학위논문

송선희(1994). 「듀이의 사회개조사상의 형성배경」. 「교육철학」 12.

송선희(1995). 「학교교육은 사회개조를 분담할 수 있는가」. 「교육철학」 13.

송선희(1996). 「J. Dewey: 사회개혁 사상의 발전과정에서 드러난 특징」. 「교육학연구」 14.

송선희(1996). 「John Dewey: 사회적 센터로서의 학교와 교사의 역할」. 「교육철학」 14집.

송은선(1999). 「듀이의 교육목적으로서의 성장 개념 재고」. 「교육철학」 17.

신득렬(2002). 「학교교육의 철학」. 「교육철학」 22.

신창호(2012). 『교육과 학습』. 온고지신.

양은주(1999). 「듀이의 자연주의적 형이상학에 근거한 '교육적 경험'의 원리」. 「교육철학」 22.

양은주(2000). 「듀이의 예술철학을 통해 본 교육적 경험의 의미」. 「교육과정평가연구」 3-1.

양은주(2001). 「듀이의 탐구 연속성 원리와 지식교육」. 「교육철학」 26.

양은주(2003). 「듀이의 흥미 개념과 학생중심 교육과정」. 「교육과정연구」 21-1.

양은주(2008). 「듀이의 프래그머티즘에 기초한 교육철학의 성격」. 「교육철학」 43.

엄태동(2001). 『존 듀이의 경험과 교육』. 원미사.

예철해(2005a). 「듀이 교육사상이 한국 교육과정에 끼친 영향」. 동국대학교 박사학위논문.

예철해(2005b). 「듀이 교육이론의 연구 동향과 과제」. 「한국교육사학」 27-2.

예철해(2005c). 「듀이의 학습자 중심 교육과정의 구성 원리」. 「교육철학」 27.

오병문(1984). 「존 듀이 철학에 있어서의 경험에 관한 연구」. 동국대학교 박사학위 논문.

오은혜(2006). 「존 듀이 경험론의 예술교육적 시사」. 경성대학교 박사학위논문.

윤영순(1998). 「듀이의 경험개념에 비추어 본 교과의 의미와 성격」. 天園記念會

윤영순(2009). 「듀이의 경험 개념에서 본 지식의 총체성과 교과의 의미」. 영남대학교 박사학위논문.

윤원주(2002). 「듀이의 습관 개념과 도덕교육」. 「교육철학」 20.

윤은주(2002). 「듀이 도덕교육론의 유아교육에 대한 시사」. 「교육철학」 22.

이기영·정지숙(1998). 「듀이의 흥미이론의 교육적 가치」. 「아동교육」 7-1.

이돈희(1992). 「존듀이-교육론」. 서울대학교출판부.

이병승(2009a). 「사회적 지성에 기초한 존 듀이의 사회개혁론 비판과 그 교육적 시사」. 「교육사상연구」 23-1.

이병승(2009b). 「존 듀이 의식이론의 교육적 의미 탐구」. 「교육철학」 39.

이성호(2003). 「존 듀이의 사회철학: 민주주의, 학교, 그리고 자본주의」. 「아시아교육연구」 4-2.

이성호(2004). 「급진적 진보주의와 사회주의 그리고 John Dewey」. 「아시아교육연구」 5.

이유선(2008). 「실용주의」. 살림출판사

이주한(1998). 「듀이의 사회개혁과 민주적 교육사상 연구」. 성균관대학교 박사학위 논문

이주한(1999). 「듀이의 자본주의 경제 비판과 그 교육적 대안」. 「교육연구」 16.

이주한(2000). 「듀이 철학에서 사회적 민주주의 실현을 위한 교육적 방안」. 「교육철

학」 23.

이주한(2003a). 「듀이의 습관 개념과 교육」. 「교육철학」 30.

이주한(2003b). 「듀이의 지성 개념에 입각한 교사상 탐색」. 「초등교육연구」 16-1.

이준수(2009). 「듀이의 인격형성에서 습관과 성장의 의미」. 「교육사상연구」 23-1.

이형대(2004). 「미국지성사에서 존 듀이의 위치」. 「미국학」 27.

임태평(1997). 「듀이의 '민주주의'개념과 교육」. 「교육철학」 15.

임태평(2005). 「존 듀이: 철학적 탐구와 교육」. 교육과학사.

임한영(1979). 「존 듀이 교육철학의 정의」. 「교육학연구」 17-1.

임한영(1985). 「존 듀이 자연주의적 형이상학과 경험에 관한 연구」. 「대한민국학술원 논문집」 24.

임한영(1988). 『존 듀이의 생애와 사상』. 배영사.

임현식(1998). 「실용주의에 나타난 행위와 사고의 상관성」. 「교육과학연구」 28.

전일균(1996). 「듀이의 노작교육론이 갖는 민주주의의 원리」. 「교육정치학연구」 3-1.

정덕희(2000). 「존 듀이의 경험론에 대한 현대물리학적 해석」. 「교육학연구」 38-3.

정순복(1995). 「존 듀이 철학에서의 자연과 '트랜스액션(transaction)'의 문제」. 「미학」 20.

정순복(1996). 「듀이의 형이상학: 예술의 메타포를 중심으로」. 「미학」 21.

정순복(1997). 「존 듀이의 「경험과 자연」에서의 예술의 존재론적 정위」. 「미학」 22.

정순복(2001). 「존 듀이의 예술사상과 일상적 삶의 예술화」. 「미학」 31.

정순복(2002). 「존 듀이의 논리학에서 탐구와 예술의 문제」. 「미학」 33.

정순복(2004). 「존 듀이의 경험철학에서 일상과 예술비평의 문제」. 「미학」 40.

정순복(2004a). 「존 듀이의 프래그머티즘 미학에서 '하나의 경험'의 의미론적 함의」. 「미학」 37.

정순복(2004b). 「예술로서의 일상: 경험론적 함의와 그 실제」. 「미학」 39.

정순복(2006). 「존 듀이의 미학에서 경험의 구분과 그 연속성의 문제-듀이와 로마넬의 논쟁을 중심으로-」. 「미학」 45.

조성술(1981). 「존 듀이에 있어서 경험과 자연의 문제」. 「전남대 논문집」 26.

조성술(1994). 「존 듀이 경험철학 성립의 이론적 기반」. 「범한철학」 9.

최석민(2000). 「듀이의 성장 개념에 입각한 교사상 탐색」 「초등교육연구」 13.

최석민(2004). 「듀이의 문제해결과 비판적 사고의 관계」 「교육철학」 25.

최석민(2005). 「듀이의 성장원리와 교사」. 「교육학논총」 26.

최원형(2008). 「폴 허스트의 '사회적 실제'와 존 듀이의 '기본적 삶의 활동' 개념 비교」. 「교육과정연구」 26-4.

타타르키비츠/이용대 옮김(1990). 『여섯 가지 개념의 역사』. 이론과 실천.

편경희(2008). 「존 듀이 습관 개념의 재조명」. 「교육철학」 42.

한기철(2005). 「'이론적인 것'의 의미와 존 듀이의 해석의 두 갈래」. 「교육철학」 34.

헤르바르트/김영래 옮김(2008). 『헤르바르트의 일반교육학』. 학지사.

휠스베르크/강성위 역(2005). 『서양철학사』(하). 대구: 이문출판사.

찾아보기